저자 소개

글 사회평론 역사연구소
오랫동안 어린이 교육과 역사 콘텐츠를 연구한 전문가들이 모여, 우리 아이들이 쉽고 재미있게 공부할 수 있는 책을 만들고 있어요. 《용선생의 시끌벅적 한국사》, 《용선생 교과서 한국사》, 《용선생 처음 세계사》, 《교양으로 읽는 용선생 세계사》 등을 쓰고 펴냈어요.

김형겸 | 사회평론 역사연구소 연구원
고려대학교 역사교육과를 졸업하고, 초등학교, 중학교 아이들에게 역사를 가르쳤어요.

김선빈
고려대학교 국어국문학과를 졸업하고, 국어·사회과, 역사와 관련된 다양한 교육 프로그램과 콘텐츠를 개발했어요.

김선혜
고려대학교 사학과를 졸업하고, 여러 회사에서 콘텐츠 매니저, 기획 업무를 담당했어요.

그림 김지희
만화가이자 일러스트레이터예요. 출판 작업으로 《하이브로 학습도감-해적앵무》를 시작으로 《난생 처음 한번 공부하는 미술이야기》의 삽화와 《용선생의 시끌벅적 과학교실》의 삽화를 담당했어요.

그림 전성연
그래픽 디자인을 전공하고 직장을 다니며 일러스트 작업 활동을 하고 있어요.

자문·감수 박덕영
연세대학교 법과대학과 같은 학교 대학원에서 법학을 전공했어요. 1991년부터 영국 케임브리지 대학과 에든버러 대학에서 국제법을 공부했고, 현재는 연세대학교 법학전문대학원 교수로 일하고 있어요.

캐릭터 이우일
홍익대학교에서 시각디자인을 공부했어요. 《우일우화》, 《고양이 카프카의 고백》, 《용선생의 시끌벅적 한국사》, 《교양으로 읽는 용선생 세계사》 등을 그렸어요.

용선생이 간다

세계 문화 여행·3

글 사회평론 역사연구소 | 그림 김지희, 전성연 | 자문·감수 박덕영 | 캐릭터 이우일

 영국

사회평론

차례

1일 런던

나선애, 왕실의 근위병을 만나다! 11

용선생의 스페셜 가이드
영국은 민주주의의 고향 22

2일 런던

허영심, 뮤지컬의 고향에 찾아가다! 25

용선생의 스페셜 가이드
영국을 빛낸 명작 총집합 32

3일 런던

왕수재, 영국 박물관에서 길을 잃다! 35

용선생의 스페셜 가이드
놓치면 아까운 런던의 박물관들 44

4일 런던

장하다, 영국 음식을 맛본 소감은? 47

용선생의 스페셜 가이드
간단히 알아보는 런던의 역사 56

5일 런던

곽두기, 영국에서 가장 높은 빌딩에 오르다! 59

용선생의 스페셜 가이드
한눈에 콕콕! 템스강 남쪽의 볼거리들 68

6일 런던 근교

허영심, 영국의 옛 마을에서 티타임을 즐기다! 71

용선생의 스페셜 가이드
세계를 바꿔놓은 영국인들 78

7일 솔즈베리, 바스

왕수재, 스톤헨지의 비밀에 도전하다! 81

용선생의 스페셜 가이드
용선생이 추천하는 런던 인근 볼거리 88

8일 리버풀, 맨체스터

장하다, 맨체스터에서 축구 선수를 꿈꾸다! 91

용선생의 스페셜 가이드
용선생이 들려주는 산업 혁명 이야기 98

9일 에든버러

나선애, 에든버러 페스티벌을 즐기다! 101

용선생의 스페셜 가이드
영국은 알고 보면 네 나라? 연합 왕국 이야기 110

10일 하일랜드

곽두기, 네스호의 괴물을 쫓다! 113

용선생의 스페셜 가이드
스코틀랜드, 이것이 궁금하다! 120

퀴즈로 정리하는 영국 124

정답 126

용선생
천재적인 가이드, 용선생!
처음 가보는 여행!
걱정되니?
이 용선생만 믿고
따라오렴~!

나선애
일정 짜기의 여왕~
우아, 갈 곳이
너무너무 많다고!
다들 부지런히
움직여야 해~

장하다
나는야 미래의 축구왕!
영국은 축구의 나라!
축구 구경은 꼭 할 거야!

허영심
우아하게 차 한 잔~
문화의 나라 영국!
연극이랑 뮤지컬이랑...
볼 게 너무 많네!

왕수재
나는 척척박사!
에헴, 영국은
역사와 전통의 나라라고.
잘 모르면 그냥
나만 쫓아오셔!

곽두기
순간 포착 전문!
히히, 형, 누나들~
사진은 나한테 맡겨!

나도 같이 여행할 거야! 곳곳에 숨어 있는 나를 한번 찾아봐!

♥ 여행 5일째 런던에서

영국 일주 코스를 소개합니다~

"영국은 크게 네 지역으로 이루어진 섬나라야~"

"잉글랜드, 스코틀랜드, 웨일스, 그리고 북아일랜드!"

북아일랜드
벨파스트

아일랜드

✓ 6일 영국식 티타임 즐기기

나선애의 간단 정리!

나라 이름: 그레이트브리튼과 북아일랜드 연합 왕국
(United Kingdom of Great Britain and Northern Ireland)
면적: 약 24만 제곱킬로미터(한반도와 비슷)
인구: 약 6천 9백만 명(2024년 기준) **수도:** 런던(London)

영국 영어가 미국 영어랑 조금 다르다는 거 알아? '엘리베이터'를 영국에서는 **'리프트(Lift)'**라고 부른대!

토막 회화 한마디!

'바지'도 미국에선 '팬츠(Pants)'인데, 영국에선 **'트라우저(Trousers)'**라고 해.

나선애, 왕실의 근위병을 만나다!

국회의사당 (빅 벤) ▶ 홀스가드 ▶ 버킹엄 궁전 ▶ 하이드 파크

런던

영국의 수도 런던

"저희 비행기는 잠시 뒤 런던 히드로 국제공항에 착륙할 예정입니다."

와! 하마터면 소리를 지를 뻔했어. 세상에, 벌써 12시간이 넘게 흘렀지 뭐야. 영국이 먼 줄은 알았지만 이 정도일 줄이야…. 창밖으로는 어느새 런던의 풍경이 한눈에 내려다보였어. 강변에 위풍당당하게 자리 잡은 오래된 건물들을 보니 가슴이 두근거렸지. 좋아, 그럼 영국 여행을 시작해 볼까?

런던의 역사는 얼마나 되나요?

▶ 런던에 사람이 살기 시작한 지는 거의 6,000년이 넘어. 잉글랜드의 수도가 된 지는 1,000년 이상이야!

공항에서 지하철을 타려고 지하로 내려갔는데 깜짝 놀랐어.
지하철이 정말 작았거든! 열차가 너무 작아서 자리에 앉으면
앞사람 무릎이 닿을 지경이었지.
"영국에 비하면 우리나라 지하철은 거의 궁전이네요."
나중에 알고 보니 영국 지하철이 정말 오래돼서 그렇게 작은 거래.
영국은 세계 최초로 지하철이 생긴 나라거든.
우리가 탔던 지하철이 생긴 지는 벌써 150년이 넘었대. 와!

사람으로 붐비는 런던 지하철의 모습

영국의 상징 국회의사당

"저기 저 건물 책에서 봤어요! 유명한 거 맞죠?"

장하다가 쪼르르 달려갔어. 다리 건너에는 꽤 오래돼 보이는 건물이 있었지.

"저 건물은 영국의 국회의원들이 모이는 국회의사당이란다."

선생님은 영국이 세계에서 제일 먼저 의회*가 생긴 나라라고 이야기해 주셨어.

*국민의 대표가 모여 나랏일을 하는 곳이야.

우리나라의 국회도 알고 보면 영국을 본떠 만든 거래.

그래서 이 국회의사당 건물도 영국의 상징이라 하더라.

처음부터 너무 아름다운 건물을 보니 가슴이 뛰었어.

영국, 어쩐지 기대가 되는데?

영국 국회의사당 건물은 얼마나 오래됐나요?
▶ 처음 지어진 건 1,000년이 넘지만 수백 년 동안 계속 불타고 다시 짓기를 반복했지. 지금 보이는 건물은 1860년대에 지은 거야.

📍 근위병이 머무는

"오잉? 저기 말 탄 병사들이 있어요!"

정말이네? 곽두기 말대로 붉은색 옷을 입은 병사들이 말을 타고 있었어. 병사들은 꼭 누굴 기다리는 것처럼 말 위에서 차렷 자세를 하고 있었지. 그 모습이 신기한지, 사람들이 주변으로 몰려들어서 사진을 찍어대는데도 병사들은 꼭 사람들이 안 보이는 것처럼 꿈쩍도 하지 않았어. 이야, 신기한데?

❓ **근위병을 마음대로 구경할 수 있나요?**

▶ 너무 가까이 가거나 근무를 방해하지 않으면 자유롭게 구경할 수 있어. 매일 오전 11시에는 교대식도 진행된단다!

홀스가드 영국 왕실을 지키는 근위병이 머무는 곳

다우닝가 10번지 영국 총리가 머물며 나랏일을 보는 곳

버킹엄 궁전 영국 국왕이 머무는 궁전

웨스트민스터 사원 영국 왕실에서 중요한 행사를 하는 곳

영국 국회의사당 세계 최초의 의회, 런던의 상징

"저 사람들은 왕실 근위병이야. 왕을 지키는 병사들이지."

알고 보니 큰 길을 죽 따라가면 가까운 곳에 영국 국왕이 사는 궁전이 있대.

또 영국 총리*가 머물면서 나랏일을 보는 곳도 가까이에 있다는 거야.

* 나랏일을 총괄해 보는 관리를 말해.

어쩐지, 이렇게 멋진 병사들이 모여 있는 이유가 있었어.

지금 궁전으로 가면 근위병들이 행진을 하며 근무를 교대하는 모습도 볼 수 있대.

우리는 궁전까지 가서 행진을 지켜보기로 했어. 신난다!

영국에는 아직 왕이 있어요?

▶ 그렇단다. 지금 영국 국왕은 찰스 3세야. 찰스 3세는 엘리자베스 2세의 뒤를 이어 영국의 국왕이 되었지. 영국은 귀족 제도도 아직 남아 있단다.

📍 영국 왕이 사는 **버킹엄 궁전**

신나게 떠들며 걷다 보니 어느덧 국왕이 머무는 버킹엄 궁전에 도착했어.
궁전은 생각보다 웅장했어.
정문 앞에는 커다란 광장이 있었고, 화려한 동상도 있었지. 그런데 이게 웬걸?
광장은 이미 근위병 행진을 구경하러 온 사람으로 가득했어.
"어휴! 누가 어디 있는지 보이지도 않겠어요!"

오~ 보인다! 진짜 멋있어요!

꽥! 사람들이 너무 많아서 숨이 막혀!

두기야! 얼른 내려와! 나도 봐야 돼~

❓ 궁전에는 정말 국왕이 있나요?

▶ 궁전에 걸린 깃발을 보면 알 수 있어. 국왕이 머물 때에는 사자가 그려진 왕실 깃발을 걸어놓거든!

빠라바라밤~! 빰빰빰빰!

때마침 나팔소리가 울렸어! 행진이 시작된 거야.

휴! 선생님이 일일이 목말을 태워 주신 덕에 우리는 행진을 구경할 수 있었어.

"에고 에고! 힘들다. 얘들아, 구경은 이쯤 하고 우리 좀 쉬러 갈까?"

헤헤! 선생님도 지친 것 같았어. 우리는 행진을 뒤로 하고 광장을 빠져나왔지.

버킹엄 궁전 앞의 근위병 교대식

에잉, 하나도 안 보이네!

런던에서 가장 큰 공원 하이드 파크

우아! 광장 옆으로 조금 빠져나오자 정말 큰 공원이 있었어.
호수랑 끝이 보이지 않을 정도로 드넓은 잔디밭도 있었지.
커다란 나무도 정말 많아서 꼭 오래된 숲속에 들어온 기분이었어.
잔디밭 곳곳에는 사람들이 자리를 깔고 누워서 휴식을 즐기고 있었지.
"얘들아! 저기 오리다!"

런던 한복판에 자리한 하이드 파크

하이드 파크

런던에서 가장 큰 공원이야. 원래는 왕실 소유라 아무나 들어갈 수 없었지만, 지금은 누구나 즐길 수 있는 공원이 되었지.

오잉? 호수에 정말 오리 가족이 느긋하게 떠다니고 있네?

자세히 보니 오리뿐만 아니라 우아한 백조도 보였어.

도시 한가운데에서 동물들과 이렇게 함께 놀 수 있다니 정말 신기했어.

"짜잔~ 얘들아, 간식이다!"

우리는 선생님이 준비한 간식을 먹으며 공원에 누워 있었어. 아~ 좋다!

하이드 파크는 또 뭐가 유명해요?

▶ 여성 참정권 운동 등 영국의 역사를 바꾼 주요 정치적 집회가 열렸던 장소이기도 해. 지금도 시민의 집회 장소로 쓰이는 공원이란다.

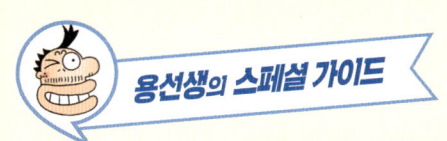 용선생의 스페셜 가이드

영국은 민주주의의 고향

민주주의는 소수의 귀족이나 왕이 아니라
다수의 국민이 뜻을 모아 나라를 다스리는 제도를 말해.
그런데 우리가 찾아온 영국은 사실 '민주주의의 뿌리'로 불리는 나라이기도 하단다.
영국이 왜 이런 별명을 갖게 됐는지 차근차근 알아보도록 할까?

 **영국을 왜 민주주의의 뿌리라고 해요?**

영국에서 '의회'가 발전했기 때문이야.
의회는 시민들의 대표가 모여서 나랏일을 의논하는 기구야.
영국에서는 의회가 일찍부터 왕 못지않게 강력한 힘을
발휘했단다. 그래서 시민들이 뜻을 모아 법을 만들고 나라를
다스리는 전통이 생겼지. 이런 전통 때문에 영국을
민주주의의 뿌리라고 하는 거야.

 **영국 의회는 어떻게 힘이 강해진 건가요?**

저절로 이루어진 일이 아니야! 국왕은 어떻게든 의회를
짓누르고 자기 뜻대로 나라를 다스리려고 했거든.
그래서 **영국 의회와 국왕은 거의 수백 년 동안이나
힘겨루기를 벌였단다.** 때로는 전쟁이 터져서 많은
사람이 죽기도 했어. 이 대결에서 승리를 거둔 덕에
의회의 힘은 강해지고, 영국에는 민주주의가
뿌리내릴 수 있었던 거야.

의회는 어떻게 나라를 다스려요?

옛날엔 높은 귀족들만 의회에 참석해서 나라를 다스리는 관리를 뽑았어. 하지만 요즘은 국민이 투표를 통해 의회에 참석할 의원을 뽑지. 의원들 중에 의견이 비슷한 사람들끼리 만든 모임을 '정당'이라고 하는데, **의회에서 가장 의원 수가 많은 정당**이 나라를 다스릴 관리를 뽑고 나라를 주도적으로 이끌어 나간단다.

▲ 영국 의회의 모습

근데 영국에는 왕도 있잖아요? 왕은 뭐해요?

▲ 영국 국왕 찰스 3세

영국 국왕은 이제 나라를 다스리지 않아. 대신 국내외 행사에 참석하며 **나라를 상징하는 역할을 하고 있어.** 외국 정상들을 만나고, 국가에 큰 일이 생기면 앞장서서 국민들과 소통하기도 하시. 별거 아닌 것 같지만 중요한 역할이야! 영국 사람들은 너 나 할 것 없이 국왕을 존경하고 매우 따르거든.

그럼 우리나라도 영국의 영향을 받았나요?

우리나라뿐 아니라 오늘날 **세계 거의 모든 나라들이 영국의 영향을 받았다고 할 수 있어.** 우리나라도 영국과 마찬가지로 투표를 통해 국회의원을 뽑고, 국회를 구성해서 법을 만들고 나랏일을 의논하거든. 그래서 의회에 대한 영국 사람들의 자부심이 대단하단다.

다른 그림 찾기

왕실의 근위병과 사진을 찍었어! 그런데 근위병의 모습이 조금 바뀌었는데? 모두 다섯 군데야. 어디인지 찾아줄래?

허영심, 뮤지컬의 고향에 찾아가다!

런던 시내 (이층 버스 타기) → 피카딜리 서커스 → 웨스트엔드 → 뮤지컬 극장

 런던의 명물 이층 버스

사실은 런던에 오면 꼭 하고 싶은 게 있었어. 바로 이층 버스 타기!
선생님이 예쁜 빨간색 이층 버스가 런던의 상징이라고 하셨거든.
빨간 이층 버스 위에서 내려다본 런던 풍경은 어떨지 너무 궁금했지.
"얼른 카드 찍고 타자!" "내가 먼저 올라갈 거야!"
히히, 우리는 서로 앞다투어 이층으로 올라갔어.

운행한 지 50년이 넘은 이층 버스 '루트마스터'

런던에는 언제부터 이층 버스가 다녔어요?
▶ 무려 170여 년 전인 1847년에 최초의 이층 버스가 등장했어. 이때는 자동차가 아니고 말이 끄는 이층 마차였대.

사람과 차들로 붐비는
런던 거리

이층 버스 제일 앞자리에 앉으니 런던 시내가 한눈에 들어왔어.

어땠냐고? 어휴, 너무 복잡했어! 길은 좁지, 차는 많지, 사람도 많지….

"하하, 놀랐지? 런던은 엄청 오래된 도시라 이렇게 길도 좁고 복잡한 거야."

선생님은 런던이 너무 복잡해서 이층 버스가 필요한 거라고 말씀하셨어.

그럴 만도 하네! 우리는 모두 고개를 끄덕였지.

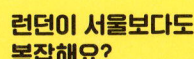
런던이 서울보다도 복잡해요?

▶ 런던 인구는 약 900만 명으로 서울보다는 적어. 그럴지만 좁고 오래된 골목이 고스란히 보존되어 있어서 교통은 복잡한 편이야.

런던의 번화가 피카딜리 서커스

버스는 런던 시내 한가운데로 접어들었어.

시내에는 작은 동상이 하나 있고, 그 앞에 넓은 광장이 보였지.

"이제 내리자! 피카딜리 서커스에 도착했어. 런던에서 최고로 붐비는 곳이지!"

선생님 말씀대로 광장에는 정말 이리저리 오가는 사람이 많았어.

알고 보니 런던 사람들은 여기서 만나자고 약속하는 경우가 많대.

"런던에서 가장 붐비는 이 지역을 '웨스트엔드'라고 해."

피카딜리 서커스는 왜 그렇게 붐비는 건가요?

▶ 런던 시내 한복판에 있는 광장이라 그래. 광장 주변에는 영화관, 쇼핑 센터, 호화로운 호텔도 많아서 늘 많은 사람이 오간단다.

뮤지컬의 고향 웨스트엔드

근데 우리가 여기까지 온 건 다 이유가 있어. 그게 뭐냐고?
사실 런던은 세계 최초로 뮤지컬이 탄생한 곳이래.
특히 웨스트엔드 주변에는 오래된 뮤지컬 극장이 많아서 '뮤지컬의 고향'이라고
불린다지 뭐야? 나는 꼭꼭 뮤지컬을 봐야 한다고 우겼어. 당연한 거 아니야?
보고 싶은 건 정말 많았는데, 우리는 <오페라의 유령>을 보기로 했어.
뮤지컬이라니~ 기대된다!

런던에서 탄생한 뮤지컬은 뭐가 있어요?
▶ <오페라의 유령>을 비롯해 <캣츠>, <레 미제라블>, <미스 사이공>이 모두 웨스트엔드에서 만들어졌단다. 4대 뮤지컬로 손꼽히는 명작들이지.

뮤지컬 극장은 공연 10분 전부터 사람으로 **꽉꽉** 찼어.
이 극장은 <오페라의 유령>을 전문으로 공연하는데,
역사가 벌써 50년이 넘었대.
런던에는 이렇게 한 뮤지컬만 공연하는 극장이 많다고 하더라.
뮤지컬의 고향답지?

드디어 공연이 시작됐어. **와,** 배우들이 노래를 너무 잘해서 감탄이 절로 나왔지. 음, 사실 문제가 하나 있긴 했는데……. 배우들이 전부 영어만 해서 무슨 말인지 하나도 알아들을 수가 없지 뭐람! 그만 졸음이 쏟아졌어. **히히,** 그런데 옆자리를 슬쩍 돌아보니 선생님도 꾸벅꾸벅 졸고 계시네? 억지로 끌고 와서 모두들 미안~ 내일은 더 재밌는 데 가자!

<오페라의 유령>이 유명한 뮤지컬이에요?

▶ 처음 공연한 지 무려 50년이 되어 가는 고전이야. 원래는 1909년에 나왔던 소설인데, 영화로도 나오고 뮤지컬로도 크게 흥행했지!

 용선생의 스페셜 가이드

영국을 빛낸 명작 총집합

뮤지컬 구경 재밌었니?
그런데 알고 보면 영국은 뮤지컬뿐 아니라
숱한 명작의 고향이기도 해.
우리에게 익숙한 동화부터 영화까지,
영국을 빛낸 명작들을 한데 모아서
알아보자!

◀ 셜록 홈스 시리즈

명탐정 셜록 홈스가 런던에서 벌어지는 여러 가지 사건을 해결하는 과정을 다룬 추리 소설이야.
최근까지도 영화, 드라마 등 다양한 작품이 만들어지며 꾸준한 인기를 끌고 있단다.

곰돌이 푸 ▶

벌꿀을 좋아하는 곰돌이 푸와 친구들의 이야기를 다룬 동화야. 우리에게 익숙한 만화 영화는 영국 원작을 바탕으로 미국에서 다시 만든 거래!

◀ 피터 팬

영원한 소년 피터 팬과 웬디의 모험을 다룬 동화야.
1904년 영국에서 발표된 이야기란다.
역시 미국에서 만화 영화로 다시 만들면서 세계적인 명작이 됐지!

반지의 제왕 ▶

악의 마왕 '사우론'에 대항하는 모험을 그린 판타지 소설이야. 엘프와 드워프, 여러 괴물과 마법이 나오는 판타지 소설과 게임의 뿌리이기도 하지! 영화로도 제작돼서 세계적인 인기를 끌었어.

◀ 이상한 나라의 앨리스

7살짜리 여자아이 앨리스가 토끼를 쫓아가다가 이상한 나라에 떨어져 벌어지는 모험을 다룬 동화야. 1865년 영국에서 출간됐지. 지금도 세계의 어린이들에게 널리 사랑받고 있어.

해리 포터 시리즈 ▶

평범한 소년 해리 포터가 마법사로 거듭나며 펼쳐지는 모험을 다룬 소설이야. 지금까지 약 5억 부가 팔려서 세계에서 가장 많이 팔린 소설이래! 영화로도 만들어져서 많은 인기를 끌었지.

◀ 걸리버 여행기

모험가 걸리버가 작은 사람들이 사는 소인국과 대인국 등 다양한 세계를 돌아다니며 겪는 일을 쓴 소설이야. 1726년 영국에서 나왔고, 동화로도 널리 알려졌어.

007 시리즈 ▶

멋쟁이 스파이 제임스 본드의 활약을 다룬 소설과 영화 시리즈야. 1953년 영국에서 소설이 출간됐고, 영화로 만들어지면서 세계적인 인기를 끌었지. 007 시리즈는 지금도 스파이물의 대명사란다!

미로 찾기

뮤지컬이 끝났어. 그런데 숙소까지 가는 길이 꼭 미로 같아!
미로를 헤쳐서 돌아갈 길을 찾아보자!

왕수재, 영국 박물관에서 길을 잃다!

영국 박물관 ▸ 트래펄가 광장 ▸ 내셔널 갤러리 ▸ 런던 자연사 박물관 ▸ 런던 과학 박물관

박물관의 도시, 런던

오늘은 드디어! 런던 여행의 하이라이트야. 박물관을 가는 날이거든!

모두들 하루 종일 박물관이라니 영~ 재미가 없을 것 같다고 했지만~

모르는 소리!

여행을 왔으면 먹고 즐기는 것도 좋지만 박물관도 봐야 하지 않겠어?

게다가 런던에서 박물관만 돌아다녀도 일주일은 꼬박 걸린다더라.

"어휴~ 그래, 얼마나 재밌는지 한번 두고 보자!"

 런던에는 박물관이 얼마나 많은가요? ▶ 런던에 있는 크고 작은 박물관은 170개가 넘어. 역사는 기본이고 만화, 광고, 장난감 박물관도 있단다.

 세계 최고의 박물관 영국 박물관

처음 들른 곳은 바로 영국을 대표하는 '영국 박물관'이었어.
여기는 세계 최고의 박물관 중 하나로 손꼽혀. 그만큼 사람이 많이 찾는 곳이지.
아주 먼 옛날 인류의 시작부터 현대에 이르기까지 여러 나라의 대표적인
유물을 전시하고 있대! 이곳에 보관된 유물이 얼마나 되는 줄 알아?
800개도 아니고, 무려 800만 개!
전시실은 무려 100개가 넘는대~!
잘못하면 길을 잃을지도 몰라!

박물관에는 지역별로 다양한 방이 있었어.
방마다 세계 각국의 유물들이 가득했지.
페르시아, 이집트, 아프리카, 인도랑 중국~ 없는 나라가 없네!
"두기야! 2층에 가면 이집트 미라가 있대. 보러 가자!"
"여기 기념품점에 예쁜 거 많지 않을까? 선물 골라보자!"
애들은 저마다 흥미 있는 걸 찾아서 이리저리 흩어졌어.
나는 어디서부터 볼까?

으악, 정신없이 이 방 저 방 돌아다니다 보니 길을 잃고 말았어!
땀을 삐질삐질 흘리며 지도를 보다가 선생님을 만나서 간신히 길을 찾았지.
무슨 유물이 이렇게 많담? 선생님이 그러는데, 여기 있는 유물들은
세계 곳곳에서 빼앗거나 훔쳐 온 거래. 그리고 지금 그 나라에서
돌려달라고 해도 들은 척도 안 한다더라.
영국은 신사의 나라라고 들었는데,
이런 면도 있었군?

로제타 스톤

정말 이 돌이 여기서 가장 유명한 유물이에요?

응. 이 돌 덕분에 이집트 문자를 읽을 수 있게 됐거든!

서아시아 전시실

너무 커서 잘 안 나오네~

영국 박물관에 가면 뭘 봐야 해요?

▶ 미라 등 이집트 유물을 전시해 놓은 전시관이 유명하고, 그리스 파르테논 신전의 조각들을 고스란히 가져온 전시관도 유명해. 규모는 작지만 우리나라 전시관도 있다는 사실!

영국 박물관에서 나와 다음 목적지로 가다 보니 넓은 광장이 나타났어.
곳곳에 동상과 기둥이 많고, 물이 콸콸 쏟아지는 분수대가 있었지.
신기한 옷을 입고 포즈를 취한 사람도 많았어. 길거리에서 공연을 하는 예술가래!
"구경은 잘 했니? 여기는 트래펄가 광장이야. 런던의 대표적인 광장이지.
이 광장 바로 근처에 세계적인 미술관이 있단다. 따라오렴!"

길거리에 공연을 하는 사람이 왜 이렇게 많아요?

▶ 관광객이 많은 유럽의 대도시에는 길거리 공연을 하며 돈을 버는 예술가들이 많아. 트래펄가 광장은 런던에서도 길거리 예술가가 많이 모이는 곳으로 유명하지!

세계 각국의 명화가 있는 **내셔널 갤러리**

우리가 들른 미술관은 '내셔널 갤러리'였어.

여기도 영국 박물관처럼 엄청 넓었지. 또 영국뿐 아니라 세계 각국의 멋진 그림들을 골고루 모아 놓았다는 것도 비슷했어.

"선생님! 저 그림은 교과서에서 본 것 같아요."

우리가 알 정도면 정말 유명한 그림이 많다는 거겠지?

그림 공부를 좀 더 하고 올 걸 그랬어!

📍 런던 자연사 박물관

"우아아아! 저거 봐, 공룡이다. 공룡!"

장하다가 **펄쩍펄쩍** 뛰며 소리를 질렀어. 다른 애들도 눈이 휘둥그레지긴 마찬가지였지. 우리가 들른 곳은 **런던 자연사 박물관**이야.

오래된 동물이나 식물, 지구의 역사 같은 내용을 다루는 박물관이지.

미술관은 솔직히 조금 지루했는데, 여긴 지루할 틈이 없더라고. **히히!**

커다란 공룡 화석, 코뿔소 화석도 있고,

지진과 화산 체험도 할 수 있었거든!

- 공룡 머리까지 다 나오게 찍어주셔야 돼요!
- 장하다~! 밀지 마!
- 공룡이다! 공룡!
- 얘들아~ 자자, 다들 여기 봐!

런던 과학 박물관

자연사 박물관 바로 뒤에 있는 런던 과학 박물관에도 신기한 물건이 엄청 많았어.
300년 전에 만들어진 커~다란 증기 기관도 있고, 옛날에 쓰던 치과용 기계도 있었어.
"사람의 뼈와 근육을 그대로 전시해 둔 것도 있단다."
우주선 탑승 체험을 하는 곳에는 아이들이 너무 많아서 줄을 서야 할 지경이었지 뭐람!
어때? 이 정도면 박물관 구경도 나쁘지 않잖아? 호호!

 전시품 구경 말고 할 수 있는 건 없나요? ▶ 런던 과학 박물관에는 직접 체험할 수 있는 공간이 많아. 직접 전선을 연결해서 도난 경보기를 만들어 보거나, VR로 우주선 탑승 체험을 할 수도 있지!

용선생의 스페셜 가이드

놓치면 아까운 런던의 박물관들

런던에는 용선생과 아이들이 방문한 곳 말고도 가 볼 만한 박물관이 정말 많아! 게다가 런던의 미술관과 박물관은 대부분 입장료가 무료라는 사실! 그럼 미처 들르지 못한 박물관도 천천히 살펴볼까?

빅토리아&앨버트 박물관
서양 미술에서 동양 미술에 이르기까지 다양한 미술품을 소장하고 있는 박물관이야. 특히 다채로운 사진과 디자인 작품으로 유명해.

테이트 브리튼
영국을 대표하는 화가들의 작품을 고루 소장하고 있는 미술관이야. 규모는 작지만 아기자기하고 분위기 있는 곳으로 유명해!

44

런던 교통 박물관
증기 기관차에서 이층 버스까지, 수백 년 역사를 가진 영국의 교통 시설을 한눈에 볼 수 있는 박물관이야!

런던 던전
런던을 배경으로 일어난 각종 으스스한 사건들을 다루고 있는 공포 박물관이야. 깜짝 놀랄 수 있으니 조심!

왕립 전쟁 박물관
커다란 대포와 전투기, 탱크 등 다양한 전쟁 무기와 전쟁의 역사를 엿볼 수 있는 박물관이야.

알맞게 연결하기

하루 동안 너무 많은 박물관을 들렀더니 어디서 뭘 본 건지 헷갈리네?
오늘 찍은 사진과 박물관을 알맞게 연결해 보자!

영국 박물관

내셔널 갤러리

과학 박물관

자연사 박물관

장하다, 영국 음식을 맛본 소감은?

세인트 폴 대성당 ▸ 시티 오브 런던 ▸ 런던탑 ▸ 타워 브리지 ▸ 영국식 저녁 식사!

런던의 상징 세인트 폴 대성당

우아~! 오늘은 아침부터 어마어마하게 큰 성당을 봤어.
특히 둥근 지붕이 어찌나 큰지, 한참 멀리에서 보는데도 숨이 턱 막히지 뭐야!
"저 성당은 세인트 폴 대성당이야. 영국 왕실의 행사가 열리는 성당이란다."
선생님은 이 성당이 지어진 지 벌써 300년 가까이 됐다고 하셨어. 와!
꼭대기에는 전망대가 있다는데 한번 올라가 볼까?

세인트 폴 대성당

런던을 상징하는 성당이야. 만들어진 지 300년이 넘었고, 특히 웅장한 크기를 자랑하지. 높이가 거의 40층짜리 빌딩과 맞먹는단다.

얘들아 뒤로 좀 더 가 봐~! 그래야 성당이 다 나와!

선생님~ 그 각도로 찍으면 얼굴이 커 보인다고요!

아얏! 잘하다 내 발 밟았어!

더 뒤로 가요? 얼굴이 보이긴 해요?

세인트 폴 대성당이 왜 런던의 상징이에요?

▶ 역사가 오래되기도 했지만, 여러 번 불타면서도 끝내 그 자리를 지켰기 때문일 거야. 특히 제2차 세계 대전 때에는 폭격 속에서도 굳건히 버텼지.

아이고! 걸어 올라가다가 죽을 뻔했네. 엘리베이터가 없을 줄은 몰랐지! 영심이는 중간에 못 가겠다고 해서 선생님이 간신히 끌고 왔어. 히히.
그래도 막상 올라와 보니 템스강*의 탁 트인 풍경이 내려다보여서 속이 뻥 트이는 느낌이었어.

* 런던 중심부를 흐르는 강이야.

알고 보니 이 주변에는 세인트 폴 대성당보다 높은 건물을 짓는 게 금지돼 있대. 그래서 이렇게 먼 곳까지 한눈에 볼 수 있는 거였구나!

세인트 폴 대성당에서 바라본 런던

이 성당에서 어떤 왕실 행사가 열렸나요?

▶ 영국 최고의 총리로 손꼽히는 윈스턴 처칠과 마거릿 대처의 장례식도 이곳에서 열렸단다. 찰스 왕세자와 다이애나 비의 결혼식도 열렸었지.

선생님이 그러는데, 시티 오브 런던은 거의 2,000년 전부터 런던의 중심지였대.

그리고 지금은 세계에서도 손꼽힐 정도로 붐비는 곳이라고 하더라.

그래서 그런지 요상하게 생긴 고층 빌딩이 많긴 하더라고.

우리는 여기저기서 사진을 찍으며 길거리를 누볐어.

어휴. 근데 솔직히 재미는 없었어.

배도 고픈데 고층 빌딩 구경만 할 게 뭐람!

재밌게 생긴 시티 오브 런던의 빌딩들

응? 나더러 멈추라는 건가?

저 건물 신기하게 생겼다!

경찰들도 멋있네~!

시티 오브 런던에는 왜 저렇게 이상하게 생긴 빌딩이 많아요?

▶ 런던은 최근 낡은 도시라는 이미지에서 벗어나려고 노력하고 있거든. 그래서 독특한 디자인의 고층 건물을 잇따라 건설하는 거야.

런던 탑에 보관된
영국 국왕의 왕관

런던 탑의 까마귀 전설

런던 탑에는 늘 여섯 마리의 까마귀가 산대. 이 까마귀가 모두 사라지면 영국이 무너진다는 전설이 있어!

 ## 으스스한 전설이 있는 **런던 탑**

결국 선생님은 재밌는 곳으로 간다고 우리를 달랬어.

그리고 곧 눈앞에 엄청 크고 튼튼해 보이는 성이 나타났지!

"자~ 여기는 '런던 탑'이야. 들어가자! 안에는 볼 게 더 많아."

이 성은 한때는 높은 사람을 가두는 감옥으로 쓰기도 했대!

지금은 박물관으로 쓴다는데, 안은 꽤 넓고 볼거리도 많았어.

특히 수백 년이나 된 왕관이나 왕실의 보석 같은 것도 볼 수 있었지!

 런던 탑은 원래 감옥이에요?

▶ 원래는 템스강을 지키는 요새였고, 왕이 머무는 궁전으로 쓰기도 했어. 그러다 나중에는 왕족이나 귀족처럼 높은 사람이 죄를 지으면 여기 가둔 거지.

템스강의 명물 타워 브리지

"선생님, 다리가 둘로 갈라지고 있어요!"

런던 탑에서 나와 강변을 걷고 있는데 나선애가 소리를 질렀어.

와! 정말이네? 멀리 커다란 다리가 양쪽으로 열리고 있었어.

그리고 그 사이로 커다란 배가 지나가지 뭐야!

저 다리는 '타워 브리지'라고 하는데, 템스강의 대표적인 다리래.

아무래도 운이 좋은 것 같아, 이렇게 신기한 광경을 우연히 보다니!

타워 브리지는 얼마나 자주 열려요?

▶ 시간이 정해져 있는 건 아니고, 타워 브리지 홈페이지에서 일정을 미리 확인할 수 있어. 생각보다 재빨리 열렸다 닫히기 때문에 시간을 맞춰 가야 볼 수 있어!

"선생님! 저녁은 가장 맛있는 영국 음식으로 먹어요!"
수재의 말을 듣더니 선생님이 웃으셨어.
영국 음식은 맛없기로 악명이 높대! 헐?
신선한 해물이나 채소, 과일처럼 다양한 재료를 쓰지도 않고
요리법도 별로 발달하지 않아서 유명한 요리가 많지 않다고 하시네.
그러고 보니 길거리에 영국 음식점 찾기도 쉽지 않았어. 흠…….
조금 걱정되긴 하지만 괜찮아, 난 뭐든 잘 먹으니까!

영국은 왜 요리가 발달하지 않은 건가요?

▶ 정확하진 않아. 영국은 워낙 옛날부터 산업 발전이 이루어진 나라다 보니 모두들 일하느라 바빠서 식사는 간단히 대충 때우는 문화가 자리를 잡았을 거라고도 해.

📍 영국 전통 음식 **피쉬 앤 칩스**

드디어 맛보게 된 영국 전통 음식, 이름 하여 **피쉬 앤 칩스**! 그런데 그냥 <u>튀긴 물고기와 감자튀김</u>이지 뭐야? , 조금 실망하긴 했지만 그래도 맛있어서 많이 먹었어. 그런데 암만 생각해도 어제 먹었던 쿠키나 샌드위치가 더 생각나더라고. . 내일은 영국 음식 대신 스파게티나 먹으러 가자고 해야지!

❓ **피쉬 앤 칩스 말고는 유명한 요리가 없나요?**

▶ 영국은 섬나라인데, 특이하게 해산물보다는 고기를 훨씬 많이 먹어. 특히 스코틀랜드 소로 만든 '앙구스 스테이크' 같은 음식이 유명해.

55

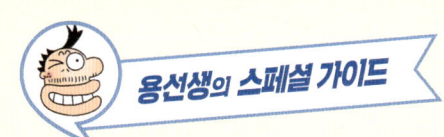

간단히 알아보는 런던의 역사

런던은 아주 오랜 역사를 간직하고 있어.
한때는 세계에서 가장 번성한 도시로 이름을 날리기도 했지.
그래서 심각한 환경 오염과 교통 체증 같은 문제를
가장 먼저 겪고 여러 해결책을 고민해 온 도시이기도 해.
그럼 런던의 역사에 대해 꼼꼼히 알아보자!

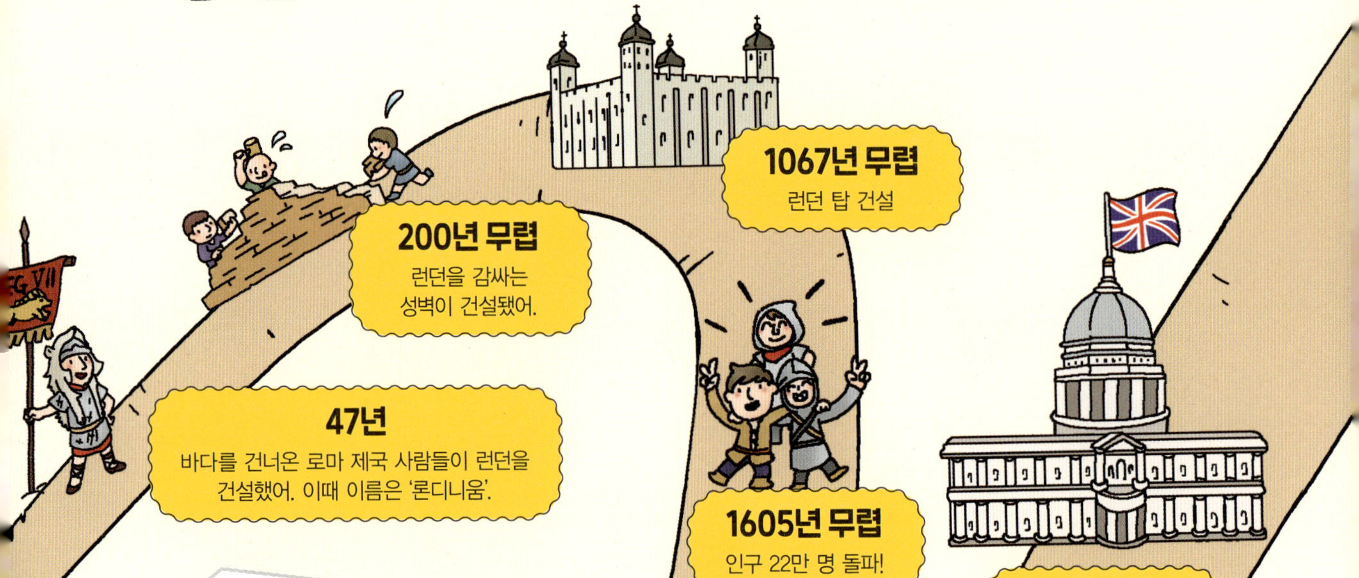

200년 무렵
런던을 감싸는 성벽이 건설됐어.

47년
바다를 건너온 로마 제국 사람들이 런던을 건설했어. 이때 이름은 '론디니움'.

1067년 무렵
런던 탑 건설

1605년 무렵
인구 22만 명 돌파!

1709년
세인트 폴 대성당 건설

1666년 런던 대화재
런던에 큰불이 나서 4일 동안이나 계속됐어.
런던 시내가 통째로 잿더미로 변했지!

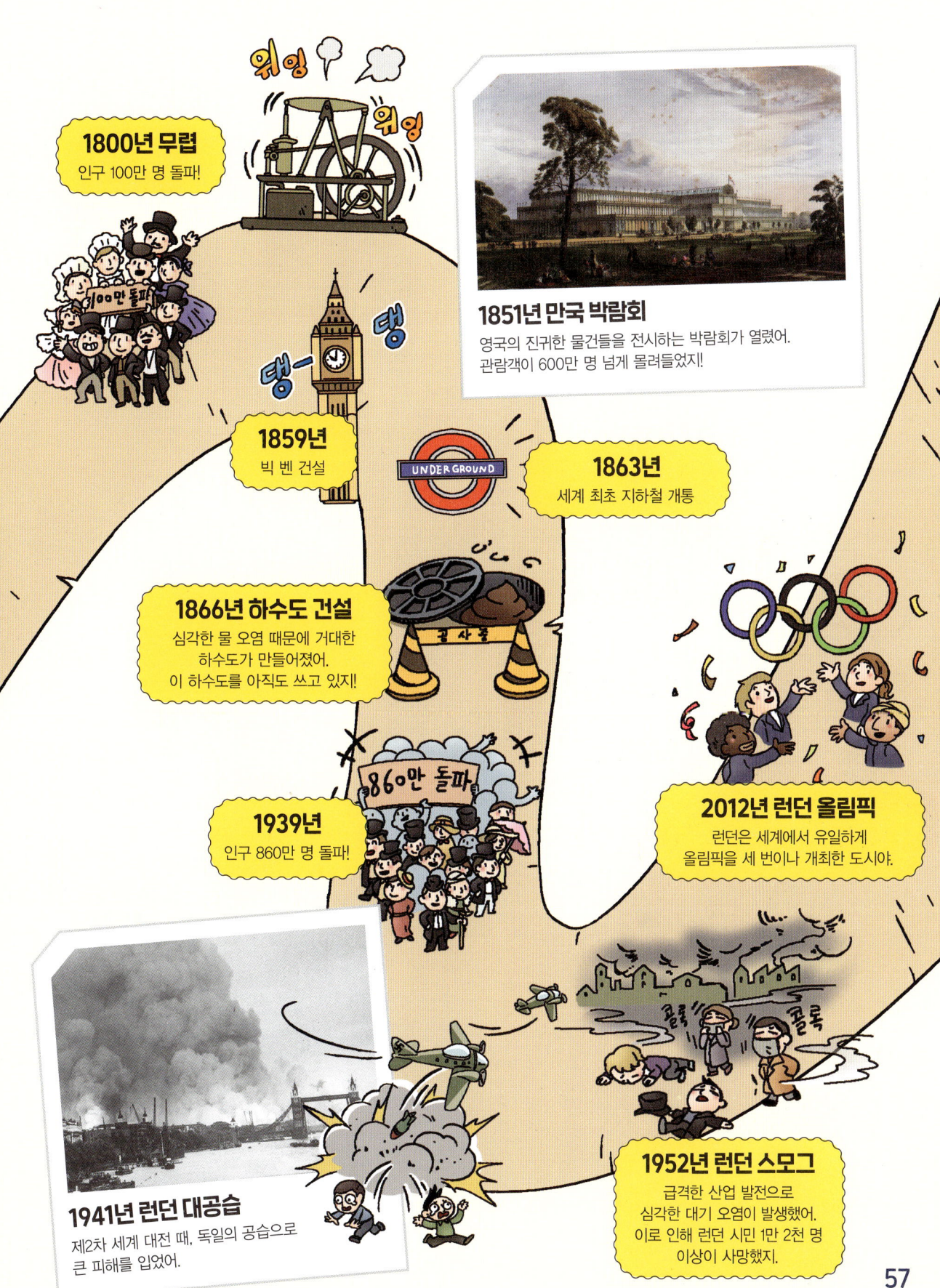

숨은 인물 찾기

이곳은 타워 브리지 앞! 그런데 사람이 너무 많아!
우리 용선생과 아이들을 함께 찾아볼까?

곽두기, 영국에서 가장 높은 빌딩에 오르다!

테이트 모던 갤러리 ▶ 셰익스피어 글로브 극장 ▶ 런던 아이 ▶ 더 샤드

런던

세계적인 미술관 **테이트 모던 갤러리**

선생님이 오늘은 볼 곳이 많다고 해서 아침 일찍부터 나섰어.
예쁜 다리를 건너 템스강을 따라 걷던 중에 선생님이 강 건너를 가리켰지.
"저기 큰 굴뚝이 있는 건물 보이니? 저기로 갈 거야.
원래 저 건물은 화력 발전소였지."
오잉? 그러고 보니 멀리 정말로 커다란
굴뚝이 보였어. 저 굴뚝으로 검은 연기가
풀풀 나왔다 이거지? 그런데 지금은
세계적인 미술관이 됐대.
이름은 테이트 모던 갤러리!

얘들아, 뛰지 마~ 조심해!

신난다! 내가 1등이지롱!

누구 맘대로? 내가 먼저 갈 거야!

어휴...

발전소를 미술관으로 만들다니…. 어떤 모습일까?

재밌는 게 많았으면 좋겠다!

? 왜 화력 발전소를 미술관으로 만들었나요?
▶ 런던의 오염된 지역을 새롭게 단장하는 운동이 진행 중이거든. 환경을 오염시키는 화력 발전소를 사람들이 많이 찾는 문화 시설로 바꾼 거야. 발전소는 아주 큰 건물이라 미술관으로 꾸미기에 좋았지!

미술관 안은 무척 넓었어. 원래 여기에는 커다란 기계가 가득했었대.
아침 일찍부터 세계 각국에서 온 관광객으로 북적였고,
우리처럼 단체로 견학을 온 영국 학생들도 눈에 띄었어.
특이한 그림이나 조각도 정말 많았는데, 솔직히 좀 낯설고 어렵더라고.
헷. 맞다! 카페도 있었는데, 템스강이 한눈에 보이더라?
우리는 경치 좋은 카페에 앉아서 한참이나 이야기를 나누었어.

 테이트 모던 갤러리에 가면 어떤 작품을 봐야 하나요? ▶ 전시품은 수시로 바뀌고 종류도 무척 다양해. 그림이나 조각은 물론이고 영상이나 주위 공간이랑 잘 어우러지게 만든 미술 작품도 있지. 항상 세계 유명 작가들의 작품을 만날 수 있으니 미리 알아보고 가면 좋을 거야!

📍 영국을 대표하는 세계적인 작가 **셰익스피어**

테이트 모던 바로 옆에 꽤 유명한 곳이 있었어.

'셰익스피어 글로브 극장'이란 곳인데, 옛날에 셰익스피어의 연극을 공연하던 극장이래. 극장은 엄청 신기했어. 무대도, 객석도 꼭 옛날 건물처럼 나무로 되어 있었거든. 알고 보니 옛날 모습 그대로 다시 지어 놓은 거래. 난 또 엄청 오래된 건 줄 알았더니!

근데 말야, 셰익스피어……. 유명한 사람인 거 같긴 한데, 누구더라?

 셰익스피어가 얼마나 유명한 사람이에요?

▶ 1500년대 후반에 활동했고, 영국을 대표하는 극작가야. 〈햄릿〉, 〈로미오와 줄리엣〉 등 유명한 작품을 남겼지. 셰익스피어가 세상을 떠난 4월 23일은 '세계 책의 날'이기도 해!

다양한 볼거리가 있는 템스강

극장에서 나온 다음에는 템스강 근처를 산책했어.
강 저편으로 어제 갔던 시티 오브 런던의 고층 건물들이 보였지.
강변에는 공연을 하는 사람들이 특히 눈에 많이 들어왔어.
기타를 치면서 신나게 노래를 부르는 사람,
음악을 틀어 놓고 화려하게 춤을 추는 사람도 있었어!
"선생님~ 이제 그만 가야죠!"
어휴, 선애 누나가 이야기하지 않았으면
아마 하루 종일 공연만 보고 있었을걸?

템스강 강변에는 재밌는 공연을 하는 사람이 많나요?

▶ 응. 서울의 한강처럼 템스강 강변에도 공원이 잘 마련돼 있거든. 공연을 즐기거나 잠시 산책을 하기도 좋고, 벼룩시장이 열릴 때면 여러 물건을 구경할 수도 있단다.

런던을 한눈에 내려다보는 **런던 아이**

"선생님, 저기 커다란 바퀴처럼 생긴 거 타러 가요!"

한참을 걷다 보니 엄청 커다란 관람차가 보였어.

이렇게 멀리서도 보일 정도라니, 도대체 얼마나 큰 거야!

이름은 '런던 아이'래. 으으, 난 무서울 거 같은데, 하다 형은 신났지 뭐람!

가까이 가 보니 줄이 제법 길긴 했는데 기다리기로 했어.

하다 형 눈이 저렇게 초롱초롱 빛나는데, 어쩔 수 없잖아?

 런던 아이가 얼마나 크길래 멀리서도 보일 정도인가요? ▶ 높이가 135미터나 돼. 개장 당시 세계에서 가장 높은 관람차였어.

한참을 기다린 끝에 결국 관람차에 탔는데, 가슴이 **두근두근!**
우리가 탄 캡슐은 천천히 떠오르더니 머지않아 까마득하게 높은 곳까지 올라갔지.
"우아~ 신난다! 저기 웨스트민스터 궁전도 보여요!"
하다 형 말대로 먼 곳에 런던 시내가 한눈에 내려다보였어.
어휴, 좀 무섭긴 했지만 그래도 엄청 멋있더라고!

영국에서 제일 높은 건물 더 샤드

그런데 선생님 말로는 런던 아이보다 훨씬 높은 건물이 있다는 거 있지?
"말 나온 김에 런던에서 가장 높은 빌딩에도 한번 올라가 볼까!"
런던 아이보다 더 높은 곳이 있다니 처음엔 믿어지질 않는데…….
막상 빌딩 앞에 도착하고 보니 실감이 났어. 입이 떡 벌어질 정도였지!
이 빌딩은 '더 샤드'인데, 영국에서 가장 높은 빌딩이래!

더 샤드는 모두 몇 층인가요?
▶ 더 샤드는 모두 72층짜리 건물이야. 28층까지는 사무실이고, 그 위로는 특급 호텔과 식당이 입주해 있단다. 높이는 무려 309미터!

"선생님, 근데 밥부터 먹고 올라가면 안될까요? 배고픈데…."
크크, 아니나 다를까 하다 형이 밥부터 찾았어.
"배가 고픈가 보구나! 그럼 저기 올라가서 밥을 먹는 건 어떨까?"
오잉? 알고 보니 더 샤드에는 근사하게 밥을 먹을 식당도 있었어.
히히. 멋진 풍경을 보면서 맛있는 고기를 씹었더니 힘이 절로 나는 거 같아.
내일은 더 신나게 놀아야지!

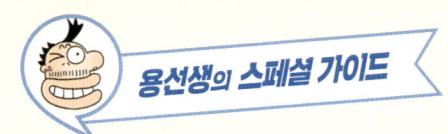 용선생의 스페셜 가이드

한눈에 콕콕!
템스강 남쪽의 볼거리들

오늘은 런던을 가로질러 흐르는 템스강의 남쪽 지역을 주로 살펴봤어.
원래 이 지역엔 낡은 공장과 창고가 많아서 사람들의 발길이 뜸했지.
최근 들어서야 미술관과 공원 등 다양한 볼거리가 만들어지며
젊은 사람이 모여드는 활력의 거리가 되었어.
아이들이 템스강 남쪽 지역의 볼거리를 조사해 왔는데, 같이 볼까?

런던 시청
짜잔~ 신기하게 생겼지? 2002년에 지어진 런던 시청이야. 특이하게 생긴 겉모습 때문에 '유리 달걀'이라고도 불린대! 총 10층짜리, 높이는 45미터!

골든 하인드 호
에헴! 이게 웬 골동품이냐고? 이건 영국의 전설적인 해적 선장 '프란시스 드레이크'가 타던 배의 모형이야. 프란시스 드레이크는 이런 배에 보물을 가득 싣고 세계 일주까지 했다지 뭐야!

스케이트 파크
야호~ 멋지지 않아? 이곳은 마음껏 스케이트보드를 탈 수 있도록 꾸며진 '스케이트 파크'야. 멋진 형 누나들이 벌이는 묘기를 관람할 수 있는 곳이니까 꼭 한번 찾아가 보라고!

밀레니엄 브리지
와, 사람 정말 많은데? 2000년을 기념해서 세워진 '밀레니엄 브리지'야. 템스강 북쪽의 세인트 폴 대성당과 남쪽의 테이트 모던 갤러리를 곧장 연결하는 다리이지! 특히 여기서 템스강 북쪽을 바라보는 경치가 아주 멋진 걸로 유명해~!

사우스뱅크 센터
여기는 어디? 으흠~ 멋진 미술관과 공연장이 모여 있는 문화 공간 '사우스뱅크 센터'야. 근처에 골동품 가게도 있고, 극장도 있으니까 한번 찾아가 봐. 아, 크리스마스에는 축제도 열린대. 히히, 나중에 꼭 가 봐야지!

숨은 그림 찾기

런던 여행은 오늘이 마지막이라지 뭐야! 그런데 어라?
사진 속에 숨은 그림이 보이네? 모두 7개야. 함께 찾아볼까?

◀ 찾아야 할 물건
: 핸드폰, 가위, 줄자, 램프

찾아야 할 물건 ▶
: 우산, 성냥, 카메라

허영심, 영국의 옛 마을에서 티타임을 즐기다!

코츠월드 ▶ 찻집 ▶ 옥스퍼드 ▶ 윈저성

옛 모습이 그대로 남은 **코츠월드**

"얘들아, 일어나렴~ 목적지에 다 왔다!"
선생님의 목소리에 눈을 비비며 자리에서 일어났어.
비몽사몽간에 버스에서 내리고 보니, 어머나~ 작고 예쁜 마을이네?
이 마을은 **코츠월드!** 영국의 옛 마을 모습을 볼 수 있는 곳이래.
낮은 언덕을 따라 예쁘장하게 자리 잡은 작은 집들이
꼭 동화 속 풍경 같았어.
마을 여기저기를 돌아보느라 시간이 가는 줄도 몰랐지 뭐람!

코츠월드에는 왜 영국의 옛 모습이 남아 있어요?

▶ 코츠월드는 석탄이 많이 나질 않아서 큰 공장이 들어서지도 않고 도시가 커지지도 않았대. 그래서 예전 모습을 그대로 간직하고 있는 거야.

그러다 보니 배가 고프지 뭐야. 그때 선생님이 눈을 찡긋하셨어.

"얘들아, 좀 출출하지 않니? 차나 한 잔 할까?"

갑자기 웬 차? 알고 보니 영국에선 하루 세 번 정도

차를 마시며 쉬는 시간, 티타임을 갖는대. 그만큼 차를 즐겨 마신다는 거야.

우리는 마을이 잘 보이는 찻집에 자리를 잡고 잠깐 쉬기로 했어.

향긋한 차를 쪼르르 따라 마시고 나니 마음이 차분해지네~

 영국 사람들은 어떤 차를 마셔요? ▶ 붉은색을 띠는 '홍차'를 주로 마셔. 취향에 따라 홍차에 꿀, 설탕, 우유 등을 섞어서 마시기도 한단다.

도시 전체가 대학교인 옥스퍼드

다시 차를 타고 옥스퍼드라는 도시로 이동했어.

이름이 익숙하다 싶었는데, 엄청 유명하고 오래된 대학교가 있는 곳이래.

"옥스퍼드는 도시 전체가 대학교란다. 역사도 900년이 넘지.

도시 곳곳에 오래된 대학 건물이 있어."

그러고 보니 멋진 양복을 빼입은 대학생 언니 오빠들이 종종 눈에 띄었어.

너무 근사해서 눈이 힐끔힐끔 가더라고!

옥스퍼드 대학

영국을 대표하는 명문 대학이야.
무려 1096년에 탄생했지.
세계에서 두 번째로 오래된
대학이기도 해.

옥스퍼드에서는 시험이나 졸업식 같은 행사가 있을 때 저렇게 입는대!

나 같은 인재에게 딱 어울리는 대학이로군!

선생님, 그런데 검은 가운은 왜 입은 건가요?

어머나~ 저 오빠 정말 멋있다!

학생 식당은 어디 있지?

대학 건물들은 하나같이 웅장하고 고풍스러웠어.
알고 보니 적어도 100년, 200년씩 된 건물이라지 뭐야!
"어? 저 여기 영화에서 본 적 있어요! 해리 포터에 나온 거 맞죠?"
곽두기는 한 건물에 들어가더니 신이 나서 여기저기 돌아다니더라.
나도 이런 학교에 다니면 공부가 저절로 될 것 같더라니까! 헤헷!

이 건물은 어떤 곳인데 초상화가 많이 붙어 있어요?

▶ 이곳은 '크라이스트처치'야. 역사가 500년이 넘는 대학 건물이지! 초상화가 많은 이 건물은 학생들이 모여서 밥을 먹던 학생 식당이래.

 ## 영국 왕실의 별장

다시 버스를 타고 꾸벅꾸벅 졸다가 선생님이 부르는 소리에 차에서 내렸어.
먼 곳에는 웬 커다란 성이 하나 보였지. 멋있긴 한데 여긴 또 어디람?
"여기는 **윈저성**이야. **영국 국왕이 쉴 때 머무는 곳**이란다."
오옷, 정말? 영국 국왕은 런던 못지않게 윈저성에도
자주 머문대. 평범한 성처럼 보였는데,
영국 왕실의 별장이라니!
눈이 말똥말똥해지는걸~

윈저성
런던 외곽에 위치한 성이야.
역사는 거의 1,000년에 이르는데,
세계에서 가장 오랫동안 유지된
성이래.

드디어 영국 국왕을 볼 수 있는 건가요?

음, 글쎄다! 한번 가 봐야 알 것 같은데?

배고프당~

그런데 카메라를 들고 성안으로 들어가려니까,

근위병들이 다가와서 뭐라 뭐라 이야기를 하는 거야.

겁이 나서 눈만 동그랗게 뜨고 있었는데, 왕수재가 옆구리를 쿡쿡 찔렀어.

"뭐해? 여기서는 사진을 찍으면 안 된다고 그러잖아."

정말? 알고 보니 왕실의 중요한 행사가 열리는 곳이라 철저하게 통제하는 거래.

수재 아니었으면 큰일 날 뻔했지 뭐야!

윈저성에서 열린 해리 왕자의 결혼식

 윈저성에서는 어떤 행사가 열렸나요? ▶ 주로 결혼식이 많이 열려. 찰스 3세의 아들인 해리 왕자의 결혼식이 이곳에서 열렸지.

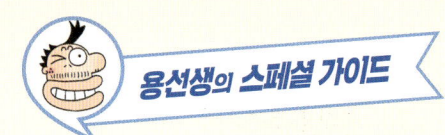

세계를 바꿔놓은 영국인들

영국은 세계적인 인재가 많이 태어난 나라란다. 특히 오늘 돌아본 옥스퍼드 대학, 그리고 옥스퍼드의 라이벌이자 역시 세계적인 명문으로 유명한 케임브리지 대학에서 많은 인재가 나왔지. 그럼 영국을 빛낸 위인들에는 누가 있는지 한번 알아볼까?

아이작 뉴턴 (1642년~1727년)
영국이 낳은 천재 과학자야. 사과가 아래로 떨어지는 걸 보고, 우주의 모든 물체가 서로 끌어당긴다는 '만유인력의 법칙'을 발견한 것으로 유명해. 현대 과학의 문을 연 인물로 평가받지.

애덤 스미스 (1723년~1790년)
'경제학의 아버지'라 불리는 세계적인 경제학자야. 국가가 시장 경제를 자유롭게 내버려두면 '보이지 않는 손'인 시장 원리에 의해 경제가 발전한다고 주장했어.

찰스 다윈 (1809년~1882년)
최초로 진화론을 펼친 과학자야. 진화론은 생물은 환경에 적응하고 발전해 나간다고 주장하는 이론이야.

루이스 캐럴
(1832년~1898년)
《이상한 나라의 앨리스》를 쓴 작가야. 작가일 뿐 아니라 수학자이자 종교에 대해 연구하는 신학자로도 명성이 높아.

스티븐 호킹
(1942년~2018년)
우주 블랙홀의 비밀을 밝혀낸 유명한 천재 과학자야.
젊은 시절 불치병에 걸려 몸이 마비됐는데도 많은 업적을 남겼지.

존 케인스 (1883년~1946년)
1930년대, 위기에 처한 세계 경제를 구하기 위한 해법을 내놓은 경제학자야. 애덤 스미스와 달리 정부의 적극적인 개입이 있어야 경제가 발전한다고 주장했어.

앨런 튜링 (1912년~1954년)
오늘날 우리가 사용하는 컴퓨터 이론의 기초를 쌓은 과학자야. '컴퓨터의 아버지'로 불리지. 튜링의 생애가 궁금하면 영화 《이미테이션 게임》을 보렴!

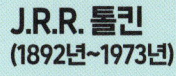

J.R.R. 톨킨
(1892년~1973년)
《반지의 제왕》을 쓴 작가야. 마법과 모험이 가득한 판타지 소설의 아버지라 불리기도 하지.

미로 찾기

이런! 윈저성 너무 깊숙한 곳까지 들어왔다가 길을 잃은 거 있지?
밖으로 나가는 길을 찾아보자. 단, 근위병한테 들키면 안 돼!

왕수재, 스톤헨지의 비밀에 도전하다!

스톤헨지 ▶ 로열 크레센트

기차의 고향, 영국

오늘은 버스가 아니라 기차를 타기로 했어.
영국에서 기차를 타 보는 것도 의미가 있지! 왜냐고?
에헴, 사실 영국은 세계에서 가장 먼저 기차가 생긴 나라거든.
기차가 처음 생긴 건 벌써 200년도 더 지났는데,
영국에서 기차를 처음 만든 사람이 누구냐면 말이지~
어이, 내 말 듣고 있어?

부우 우 웅

박물관에 전시된 최초의 증기 기관차

기차는 누가 처음 만들었나요?

▶ 1820년대 들어 영국의 많은 기술자들이 기차를 만들기 시작했어. 그중 '조지 스티븐슨'이 만든 기차가 오늘날 모든 기차의 아버지가 되었지.

에이, 다들 자잖아? 나는 여행책을 펴고 오늘 갈 곳을 미리 조사했어. 훗!
오늘 들를 곳은 이름하여 스톤헨지! 이름은 한 번쯤 들어봤겠지?
스톤헨지는 아주 오랜 옛날, 커다란 돌을 쌓아서 만든 건축물인데,
누가, 언제, 왜 만들었는지는 미스터리로 남아 있어.
하지만 이 왕수재가 가는 이상 더 이상 비밀은 없지. 내가 비밀을 밝혀주마!

📍 선사 시대 유적 스톤헨지

기차에서 내려 버스를 타고 가다 보니,
어느새 드넓은 초원이 펼쳐졌어.
그리고 그 초원 한가운데에 스톤헨지가 놓여 있었지. 와!
주변에 아무 것도 없어서 그런지 스톤헨지는 더욱 신비로워 보였어.
얼른 가까이 가고 싶어서 몸이 간지러울 정도였지!

"수재야! 잠깐! 더 가까이 가면 안 돼!"
엥? 그게 무슨 말씀?
알고 보니 스톤헨지 주변에는 가까이 갈 수가 없대.
사람들이 스톤헨지에 하도 낙서를 하고,
심지어 돌을 쪼개 가져가기도 해서
접근을 막았다지 뭐야.
아쉽다! 그런 사람들 때문에 가까이 가지도 못하다니!

귀족들의 별장 로열 크레센트

우리는 다시 기차를 타고 바스라는 곳으로 갔어.
그런데 도시에 도착하자마자 무진장 큰 건물이 보이는 거 있지?
이 건물의 이름은 로열 크레센트인데, 귀족들의 별장이었대.
알고 보니 바스는 온천으로 유명한 도시라서
온천을 즐기러 온 귀족들이 머물려고 커다란 별장을 지어놨다는 거야. 헐!

무려 2,000년 전에 지었다는 로마식 목욕탕도 정말 놀라웠어.
어찌나 거대한지 목욕탕이 아니라 저수지 같았고,
냉탕과 온탕은 물론이고 간단한 운동을
했던 곳도 있었지.
"에고고, 선생님도 그냥 어디 목욕탕이나
가서 쉬면 좋겠다!"
엥? 벌써 지치면 곤란하죠~ 선생님!
여행은 지금부터 시작이라고요!

바스의 로마식 목욕탕에서! － 천재 수재님 －

로열 크레센트는 지금도 귀족들 별장이에요?
▶ 일부는 옛날 모습을 엿볼 수 있는 박물관으로 쓰이고, 일부는 고급 호텔로 쓰여.

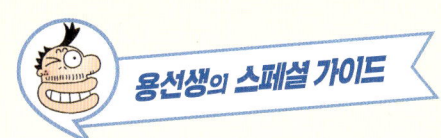 용선생의 스페셜 가이드

용선생이 추천하는 런던 인근 볼거리

오늘 여행은 즐거웠니?
내일부터는 런던에서 더 멀리 있는 새로운 도시로 떠날 거야.
그런데 시간이 없어서 미처 가지 못했을 뿐이지,
런던 근처에는 보고 즐길 거리들이 아주 정말정말 많단다.
이 용선생이 어떤 볼거리들이 있는지 주제별로 콕콕 추천해 주지!

영국의 아름다운 자연을 느끼고 싶다면!

'세븐 시스터즈'를 추천해!
넓은 바다를 향해 늘어선 하얀 절벽이
너무나 아름다워서 영화나 뮤직 비디오
촬영지로도 사랑받는 곳이란다.
런던에서 두세 시간 정도 거리에 있어서 하루면 넉넉히 다녀올 수 있어.
단, 정말정말 바람이 세니까 절벽에 너무 가까이 가면 안 돼!

신나는 스포츠를 즐기고 싶다면!

영국이 축구로 유명한 거 알고 있지? 런던에는 무려 여섯 개나 되는 축구팀이 있어서 큰 축구장이 정말 많아. 그중에서도 유명한 축구 클럽들의 홈구장인 **스탬포드 브리지**나 **토트넘 핫스퍼 스타디움** 같은 곳은 많은 사람들이 찾는단다. 직접 경기를 보면서 열기를 느껴보는 것도 물론 좋겠지?

판타지와 추리 소설을 사랑한다면!

영국에는 소설을 좋아하는 사람들이 꼭꼭 방문하는 박물관도 있어. 바로 세계적인 판타지 소설 《해리 포터》 시리즈를 주제로 꾸며진 **해리 포터 스튜디오**,

그리고 소설 속 명탐정 셜록 홈스를 주제로 꾸며진 **셜록 홈스 박물관**이지. 해리 포터나 홈스를 좋아한다면 꼭 한 번쯤 들러볼 만한 곳이야!

숨은 인물 찾기

어라, 선생님이 보이질 않아! 힘들어서 쉬고 계시나?
공원을 샅샅이 뒤져서 용선생을 찾아줘!

장하다, 맨체스터에서 축구 선수를 꿈꾸다!

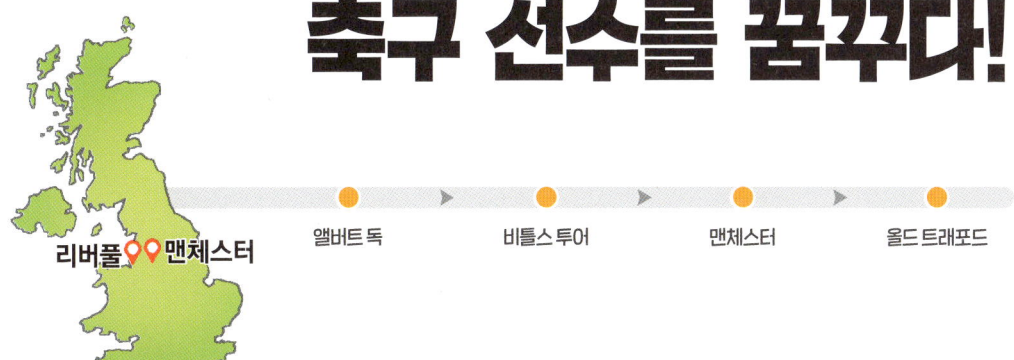

리버풀 ♀♀ 맨체스터 · 앨버트 독 · 비틀스 투어 · 맨체스터 · 올드 트래포드

한때 영국의 제일 큰 항구였던 리버풀

덜컹, 덜컹~ 끼이익~!

"오잉? 선생님, 여기는 어디예요?"

기차가 멈추자 왕수재가 눈을 비비면서 잠이 덜 깬 목소리로 물었어.

"내리자. 여기는 리버풀이야!

한때 영국에서 가장 큰 항구였던 곳이지!"

선생님이 그러는데, 오늘은 '앨버트 독'이라는 곳으로 갈 거래.

원래는 큰 배가 드나들며 물건을 내렸던 창고였다나?

그럼 식당부터 가는 거죠?

어휴~ 기차에서 밥 먹었잖아!

오호라, 여기 근처에 박물관도 있다는데? 가보자!

또 박물관 가자고…?

왜 리버풀에 제일 큰 항구가 있었나요? ▶ 당시 공업이 크게 발전했던 맨체스터라는 도시와 가까워서 그래. 맨체스터에서 만든 물건들은 리버풀 항구를 통해 전 세계로 팔려 나갔지. 한때 리버풀은 런던보다 부유한 도시였단다.

그런데 창고 구경을 무슨 재미로 해요~?

"하하, 지금은 창고가 아니란다. 식당도 있고, 호텔도 있지!"

선생님 말대로 건물 곳곳에는 여러 가게가 들어서 있었어.

그런데 알고 보니 이 건물이 무려 170년이나 됐다지 뭐야?

와, 감탄이 저절로 나왔어. 엄청 튼튼해 보이는데 그렇게나 오래됐다고?

그렇게 오래된 건물을 여전히 사용한다는 것도 정말 신기했어!

앨버트 독

약 170년 전에 리버풀 부두에 지어진 창고야. 벽돌로 지은 5층짜리 건물인데, 지금은 리버풀의 상징이 되었지. 여러 상점이나 식당이 들어서 있고, 리버풀의 역사를 알려주는 박물관도 있어.

지금은 어디가 영국에서 가장 큰 항구인가요?

▶ 지금은 수도 런던이 가장 큰 항구야. 리버풀은 전성기에 비해 인구도 절반 남짓으로 줄어들었고, 이제 항구보다는 관광 산업으로 더 잘 알려져 있지.

영국 출신의 세계적인 밴드 비틀스

"선생님, 그런데 저 동상은 뭐예요? 아까부터 여기저기 서 있던데."

영심이가 웬 동상을 가리키면서 말했어.

그러고 보니 리버풀에 왔을 때부터 곳곳에 저런 동상이 많이 보였는데?

"저 사람들은 영국이 낳은 위대한 음악 밴드, 비틀스야!"

비틀스? 이름은 어디서 들어봤는데… 대단한 사람들인가?

비틀스가 얼마나 대단한 스타인가요?

▶ 비틀스는 1960년대에 활동한 4인조 밴드야. '음악의 역사를 다시 썼다.'는 평가를 받았지. 지금껏 세계에서 앨범 판매량이 가장 많고, 미국의 빌보드 차트에서 가장 오래 1위를 한 그룹이기도 해.

리버풀은 비틀스가 처음 활동을 시작했던 곳이래.

그래서 리버풀에는 비틀스와 관련된 볼거리가 참 많더라고.

비틀스와 관련한 악기와 비틀스의 앨범들을 소개하는 박물관도 있고,

비틀스가 여러 번 공연을 했다는 공연장도 있었어.

그런데 어딜 가나 비틀스 팬들이 정말 많아서 깜짝 놀랐어!

집에 가면 아빠도 비틀스를 좋아하시냐고 여쭈어봐야지~

 우리나라에도 비틀스 팬이 많나요?

▶ 그럼~! 비틀스는 지금 BTS만큼이나 폭발적인 인기를 끌었어. 당연히 우리나라에도 비틀스 팬이 정말 많아. 어른들에게 여쭈어봐. 〈예스터데이〉나 〈렛 잇 비〉 같은 노래는 한 번쯤 들어봤을걸?

축구로 유명한 리버풀과 맨체스터

"다음엔 축구 경기 보러 가는 거 맞죠? 오예!"

히히, 신난다! 근처에 있는 맨체스터로 가서 축구를 보기로 했어!

리버풀이랑 맨체스터는 둘 다 축구로 유명한 도시야. 두 도시를 합쳐서 세계적으로 유명한 팀이 세 개나 있지. 특히 두 도시에서 축구 경기가 열리는 날이면 온 동네가 들썩인다더라고. 아, 얼마나 신날까~? 기대된다!

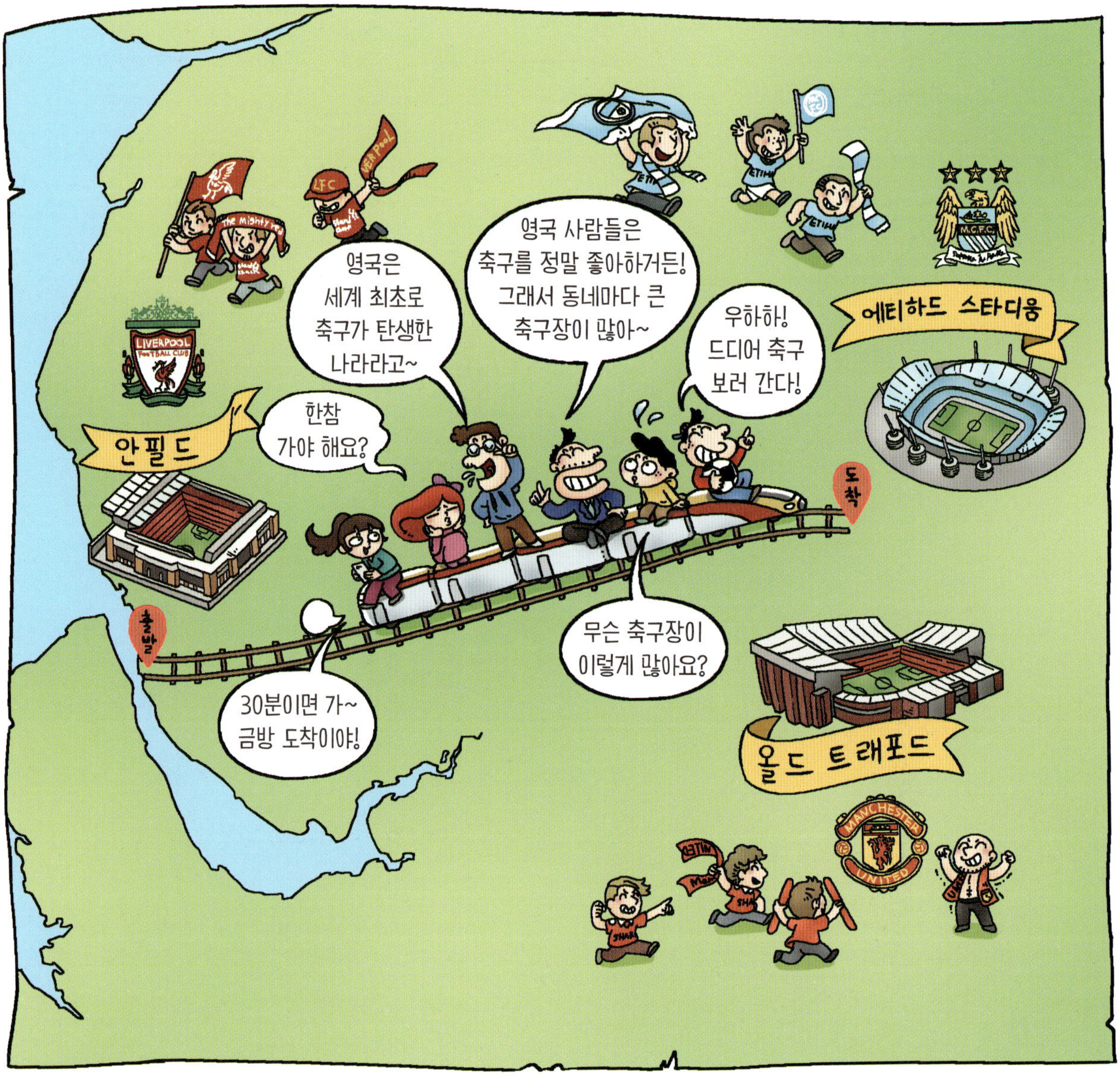

리버풀이나 맨체스터는 왜 축구로 유명한 거예요?

▶ 두 도시의 전성기였던 100여 년 전부터 축구 구단들이 활발히 활동했거든. 리버풀과 맨체스터에 많았던 공장의 노동자들이 축구를 특히 좋아해서 가능했던 일이야.

우리는 올드 트래포드라는 축구장에 도착했어. 드디어 경기 시작!
관중석은 꽉꽉 들어찼고, 어마어마한 함성에 경기장이 들썩였지.
"잡았다! 그렇지! 그렇지~! 슛~~!"
응원하느라 목이 다 쉴 정도였어.
헤헤, 선생님도 얼굴이 빨개졌지 뭐람!
경기가 끝나고 퇴장하는 선수들에게 정신없이
박수를 치다 보니 손도 아팠어.
오늘이 영국 여행 중에 제일 신나는 날이었어!
역시 축구가 최고야!

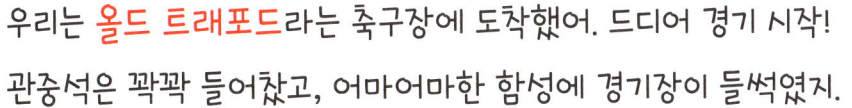

올드 트래포드에서 경기 중인 선수들

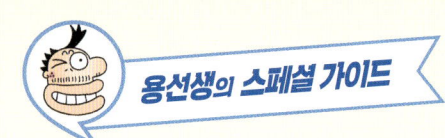

용선생이 들려주는 산업 혁명 이야기

사실 오늘 살펴본 리버풀과 맨체스터는 한때 세계에서 제일 붐볐던 도시야. 왜냐고? 세계 역사를 뒤바꾼 산업 혁명이 바로 여기에서 일어났거든. 세계 최초로 공장이 들어서고, 처음 철도가 놓인 것도 바로 리버풀과 맨체스터였지. 근데 산업 혁명이 뭘까? 우리 한번 차근차근 알아보자!

1 섬나라 영국 상인들은 배를 잘 만들고 항해술도 뛰어났어. 그래서 세계 곳곳으로 배를 타고 다니며 장사도 했지. 하지만 물건 만드는 속도가 너~무 느려서 세계 곳곳에 가져다 팔 물건이 부족했단다. 상인들은 **어떡하면 물건을 빨리 만들 수 있을지** 곰곰이 고민했지.

2 그 결과, 기계가 발명됐어. **기계는 쉬지도 않고, 잠도 자지 않으며 일을 하는 데다** 사람보다 물건을 훨씬 빨리 만들었거든. 우선 물을 끓여 증기로 움직이는 **증기 기관**이 발명됐고, 이 증기 기관을 이용해 천을 짜는 기계, 그리고 칙칙폭폭 기차도 발명됐지.

3 영국 상인들은 기계가 만든 물건을 전 세계에 팔았어. 상인들은 어마어마한 돈을 벌었고, 그 돈을 새로운 기계를 만드는 데에 투자해 점점 새로운 기계를 발명해 냈지. 영국에서 일어난 이 사건을 '**산업 혁명**'이라고 불러.

4 상인들은 교통이 편리하고, 자원도 풍부한 곳에 기계가 가득한 커다란 공장을 세우고 많은 사람을 고용했단다. 그게 바로 **리버풀**이나 **맨체스터**였어. 리버풀은 큰 항구라 교통이 편리했고, 맨체스터에는 석탄이 엄청 풍부했거든.

5 "도시로 가야 일자리가 있어!"
농촌에서 일하던 사람들은 이제 공장이 있는 도시로 몰려들었어. 도시는 점점 커지고, 인구도 늘어났지. 그 결과 리버풀이나 맨체스터 같은 곳은 세계에서 손꼽히는 큰 도시가 되었단다!

조건에 알맞은 인물 찾기

에구, 축구장이 너무 붐비다 보니 부모님을 잃어버린 아이가 있어.
아이의 설명을 잘 보고, 아이의 부모님을 찾아줄래?

우아앙~ 우리 아빠 좀 찾아주세요!
호랑이가 그려진 빨간 유니폼을 입었구요,
대머리인데 **턱수염**을 길렀어요. 턱수염은 **빨간색**이에요!
그리고 오늘은 **하얀 반바지**를 입고 나왔던 거 같아요.

나선애, 에든버러 페스티벌을 즐기다!

하드리아누스 방벽 ▸ 에든버러 로열 마일 ▸ 에든버러성 ▸ 에든버러 페스티벌

잉글랜드를 지켰던 하드리아누스 방벽

"선생님, 우리 제대로 도착한 거 맞아요?"

버스에서 내렸더니 사방이 탁 트인 초원이라 조금 당황했어. 여기가 어디지?

"자~ 볼거리가 있어서 중간에 잠깐 내렸어.

여기는 아주 옛날 성벽이 있던 곳이야."

선생님 말씀을 듣고 주변을 살펴 보니 정말로 나지막한 담장 같은 것들이 있었어.

이 담장은 '하드리아누스* 방벽'이라고 부르는데,

※ 이 장벽을 쌓은 로마 제국 황제의 이름이야.

옛날 영국 북쪽의 이민족을 막던 성벽이래.

오호라, 그러니까 영국판 만리장성 같은 거네?

넌 누구임메에~?

안녕!

스코틀랜드

잉글랜드

하드리아누스 방벽

선생님은 원래 이 장벽 북쪽은 영국이 아니었다고 하셨어.
"지금부터 가는 곳은 '스코틀랜드'라는 나라였어."
스코틀랜드는 원래 남쪽의 영국과는 서로 아웅다웅하는 앙숙이었대.
둘이 한 나라가 된 지는 이제 300년이 조금 넘었는데, 아직도 서로 다른 점이 많다네. 스코틀랜드는 과연 어떤 모습일까? 기대된다!

❓ 하드리아누스 방벽도 만리장성만큼 길어요?
▶ 아니. 전체 117킬로미터 정도니까, 6,300킬로미터가 넘는 만리장성보다는 한참 짧아.

스코틀랜드의 수도 에든버러

차를 타고 다시 달린 끝에 우리는 '에든버러'에 도착했어.
에든버러는 오랫동안 스코틀랜드의 수도였대.
"우리가 지금 서 있는 곳은 '로열 마일'이야.
에든버러에서 가장 활기가 넘치는 곳이지!"

성 자일스 성당
스코틀랜드에서 가장 오래된 성당이야. 스코틀랜드 사람들이 특히나 중요하게 여기는 곳이기도 하지!

로열 마일이 무슨 뜻이에요?

▶ 마일(Mile)은 약 1.6킬로미터쯤 되는 길이를 뜻해. '로열(Royal)'은 '위대하다, 고귀하다'는 뜻이란다. 이 거리 양 끝에 왕이 머물던 궁전과 성이 있어서 붙은 이름이야!

에든버러성

에든버러의 상징이야. 약 1,500년 전에 처음 지어졌고 한때는 스코틀랜드의 왕이 살기도 했어.

스코틀랜드 왕궁이었던 에든버러성

그런데 멀리 높은 곳에 엄청 크고 웅장한 성이 하나 보였어.

이름하여 에든버러성! 아주 예전에는 스코틀랜드의 왕궁으로도 쓰인 곳인데,

저기 올라가면 에든버러 시내가 한눈에 내려다보인다는 거야.

휴! 저 높은 곳까지 올라갈 생각을 하니 막막한데?

헉헉! 우리는 숨을 몰아쉬며 에든버러성까지 올라갔어.

그러자 고즈넉한 에든버러의 풍경이 한눈에 내려다보였지.

높은 곳에서 본 에든버러는 꼭 동화 속에 나오는 도시 같았어.

"선생님, 그런데 저기 사람들이 막 모여 있는데요?"

어라? 그러고 보니 정말 에든버러 시내 전체가 들썩이고 있지 뭐야?

에든버러성은 시내랑 가까운 곳에 있어요?

▶ 로열 마일을 따라 위쪽으로 죽 걷다 보면 성의 입구에 도착해. 다만 꽤 높은 언덕 위에 있으니까 걸어가긴 힘들 수도 있어~

높은 곳에서 내려다본 에든버러

세계적인 축제 에든버러 페스티벌

"으흠~ 아무래도 축제가 시작된 것 같구나!"

오잉? 알고 보니 지금 에든버러는 축제 기간이래. 축제 기간 동안에는 세계 각국에서 온 공연단이 에든버러 곳곳에서 공연을 펼친다는 거야. 그래서 이 축제가 세계적으로 유명하대.

아니, 그런 말씀을 왜 지금 하신담? 우리는 서둘러서 로열 마일로 돌아갔어. 시내에 가까워질수록 음악 소리가 점점 커졌지. 신난다!

우리는 저마다 다양한 공연을 보느라 정신이 없었어.

춤, 악기 연주, 마술쇼, 서커스까지! 정말 없는 공연이 없었거든.

벌써 밤이잖아? 축제 구경 하느라 시간 가는 줄 몰랐네!

"선생님! 저것 좀 봐요!"

쾅! 투투둑! 이건 뭐지? 와! 불꽃놀이가 시작됐어!

에든버러, 떠나기 싫다~!

에든버러 페스티벌은 언제, 어디서 열려요? ▶ 매년 8월, 3~4주 동안 에든버러 전 지역에서 열린단다. 이 기간 동안 너 나 할 것 없이 누구나 에든버러에서 공연을 선보일 수 있어.

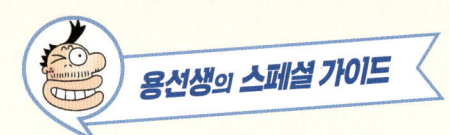
용선생의 스페셜 가이드

영국은 알고 보면 네 나라? 연합 왕국 이야기

영국을 '연합 왕국'이라고도 불러. 영국은 사실 서로 다른 네 개 지역이
하나로 뭉쳐서 만들어진 나라거든. 오늘 살펴본 스코틀랜드도 그중 하나이지.
영국을 이루는 네 지역은 서로 역사도 다르고 문화도 많이 다르단다.
심지어 월드컵에도 네 지역 대표 팀이 각각 따로 나갈 정도야!
그럼 영국의 네 지역에 대해서 알아보도록 할까?

스코틀랜드
에든버러

북아일랜드
벨파스트

아일랜드
더블린

웨일스
카디프

잉글랜드
런던

아일랜드와 영국은 어떤 관계일까?

아일랜드는 옛날 영국의 식민지였어.
수백 년 넘게 지배를 받으며 사람도 많이
죽었고, 차별도 많이 받았지.
그래서 여전히 이웃나라 영국을 싫어한대.

잉글랜드

영국의 남동부 지방이야. 전통적으로 영국의 중심이었지. 완만한 평야가 많고 수도인 런던을 비롯해 **영국의 주요 도시들이 모두 몰려 있어.** 인구도 가장 많지. 보통 '영국'이라고 하면 잉글랜드를 의미하는 경우가 많단다. '영국'이라는 이름도 '잉글랜드'에서 온 거야.

스코틀랜드

잉글랜드의 북쪽에 있어. 남쪽 잉글랜드에 비해 산이 많고 땅은 척박해서 인구는 별로 많지 않아. 그러나 **전통적으로 잉글랜드의 라이벌**이었고, 오늘날도 잉글랜드와 달리 자신들만의 고유한 문화와 전통을 잘 지켜 나가고 있어. 수도는 에든버러란다.

> 영국 국기는 사실 웨일스를 제외한 영국 각 지방의 국기를 모두 합쳐서 만든 거란다!

+

+

웨일스

잉글랜드의 서쪽에 있어. 대부분이 험한 산지라서 **잉글랜드에 비해 인구도, 큰 도시도 많지 않아.** 또 영국과 한 나라가 된 지 벌써 1,000년이 넘은 탓에 지금은 자신들만의 문화도 많이 희미해졌지. 하지만 아직도 고유한 문자와 언어를 간직하고 있단다.

북아일랜드

영국의 서쪽에 있는 **또 다른 섬나라 아일랜드의 북부 지방**이야. 원래는 아일랜드 전체가 영국의 식민지였는데, 지금은 영국 사람들이 많이 살았던 북부 지방만 영국 땅으로 남아 있지. 한때는 독립 운동이 치열하게 벌어졌던 곳이기도 해.

알맞은 공연 찾기

아이들이 저마다 보고 싶은 공연이 다른가 봐.
이야기를 듣고 딱 맞는 공연을 찾아 동그라미 쳐 볼까?

곽투기, 네스호의 괴물을 쫓다!

하일랜드 투어 ▸ 네스호 ▸ 저녁 식사 ▸ 하일랜드 게임 관람

스코틀랜드 북부 **하일랜드**

선생님이 오늘은 조금 추울 거니까 옷을 든든히 입으라고 하셨어.
'하일랜드'라는 곳으로 가는데, 에든버러보다 춥다는 거야.
높은 산이 많아서 날씨도 춥고, 큰 마을이나 도시도 없대.
어쩐지 조금 겁이 났어. 어제까지는 축제라서 기분 좋았는데!
"하하, 걱정되니? 오늘은 정말 환상적인 풍경을 볼 거니까 기대하렴!"

선생님 말이 무슨 뜻인가 싶었는데, 차를 타고 몇 시간이 흐르니 알 것 같았어.
건물은 어느새 사라지고 주변에는 엄청 높은 산만 보이지 뭐야!
"어머, 저거 소예요? 정말 귀엽게 생겼어요."
영심이 누나 말을 듣고 보니 꼭 삽살개처럼 털이 긴 소들이 있더라?
하일랜드는 워낙 추워서 소들도 저렇게 털이 긴 거래. 신기해!
물론 잠깐 차를 세우고 사진 찍는 것도 잊지 않았지. 찰칵!

귀여운 스코틀랜드 소와 함께♡

괴물이 산다는 네스호

"여기는 네스호란다. 이곳엔 공룡을 닮은 괴물이 산다는 소문이 있지!"
선생님이 꽤 큰 호수 앞에 차를 멈추더니 목소리를 낮췄어. 웬 괴물?
그러고 보니 호수가 엄청 크고 안개도 자욱해서 괴물이 살기엔 딱이었지.
나는 괴물이 나올 때까지 숨어서 기다리자고 했어.
결국 포기하긴 했지만……
하다 형이 배가 너무 고프다고 했거든!

네스호의 모습

스코틀랜드 전통 음식 하기스

이번에는 스코틀랜드 전통 음식을 맛볼 거래!

"자, 이건 '하기스'야. 스코틀랜드 사람들이 사랑하는 고기 요리지."

오잉? 하기스라는 요리는 꼭 부풀어 오른 풍선처럼 보였어. 우리나라로 치면 순대쯤 되는 음식이라는데, 보기보다 맛있는걸? 근데 영심이 누나는 징그럽다면서 안 먹으려고 하더라. 헤헤!

스코틀랜드 전통 음식 하기스

하기스는 어떻게 만들어요?

▶ 양이나 송아지의 내장을 다진 양파와 소금 같은 재료와 섞은 뒤에 위장에 넣고 삶아서 만들어. 우리나라의 순대와 비슷해.

오랜 전통이 담긴 하일랜드 게임

이제 스코틀랜드의 문화를 한눈에 볼 수 있는 행사를 보러 간대.
이름하여 '하일랜드 게임'! 역사가 천 년이 넘은 운동 경기라지 뭐야?
운동장 같은 곳에서 조금 기다리다 보니 치마를 입은 아저씨들이 나타났어!
"저건 '킬트'라는 거야. 스코틀랜드 사람들의 전통 복장이지."
헐, 저런 치마가 전통 복장이라니!

스코틀랜드 전통 악기 백파이프

하일랜드 게임은 스코틀랜드 사람들이 가문의 명예를 걸고 펼치는 운동 경기래.
종목도 무척 다양했어. 무거운 추 멀리 던지기, 줄다리기…
심지어 엄청 높은 통나무를 들고 멀리 던지는 경기도 있더라고?
다들 땀을 뻘뻘 흘리며 열심히 해서, 나도 집중하다 보니
시간이 훌쩍 갔지 뭐람.
. 오늘도 즐거웠어! 다음에 다시 왔으면 좋겠다!

하일랜드 게임은 어디서 볼 수 있어요?
▶ 하일랜드 게임은 스코틀랜드 사람들이 있는 세계 곳곳에서 열린단다. 캐나다, 미국, 뉴질랜드에서도 하일랜드 게임이 열려.

스코틀랜드, 이것이 궁금하다!

오늘은 스코틀랜드를 돌아봤어.
스코틀랜드는 영국의 중심인 잉글랜드 못지않게
깊은 역사와 문화를 가진 지역이란다.
자신들의 전통에 대한 스코틀랜드 사람들의
자부심도 무척이나 강하지!
그럼 친구들과 함께 스코틀랜드에 대해
더 깊이 알아보도록 할까?

스코틀랜드랑 잉글랜드는 왜 문화가 많이 달라요?

스코틀랜드 사람들의 조상은 오래 전부터 영국에 살던 **켈트인**이란다. 반면 잉글랜드는 바다 건너 유럽에서 온 **'앵글로색슨인'**들이 세운 나라야. 서로 뿌리가 다르니 문화가 다른 거야.

스코틀랜드 사람들은 어떻게 살았어요?

스코틀랜드는 **춥고 땅은 척박해서** 농사를 짓기가 어려웠어. 그래서 가문 단위로 유목 생활을 하며 양이나 염소를 키웠단다. 아직도 스코틀랜드 사람들은 가문의 전통에 대한 자부심이 강해. 전통 의상인 **'킬트'**의 체크 무늬는 가문마다 모두 다르대!

스코틀랜드는 축구 대표팀도 따로 있던데?

맞아. 월드컵 같은 행사에는 영국 대표팀이 아니라 스코틀랜드와 웨일스, 북아일랜드 대표팀이 **각각** 참가하지. 스코틀랜드 깃발도 따로 있고, 스코틀랜드만의 국가가 따로 있을 정도야!

유명한 스코틀랜드 사람은 누가 있어요?

아주 많아!
전화기를 발명한 **알렉산더 벨**, 경제학의 아버지 **애덤 스미스**, 철강왕 **앤드류 카네기**, 증기 기관을 발명한 **제임스 와트**, 《셜록 홈스》의 작가 **아서 코난 도일**도 스코틀랜드 사람인걸? 이밖에도 스코틀랜드 출신 영화배우, 음악가도 무척이나 많단다.

잉글랜드랑 아직도 관계가 좋지 않은가요?

사실 스코틀랜드에서는 영국에서 독립하자는 의견이 만만치 않아. 2014년에는 분리 독립을 묻는 투표가 진행됐는데 무려 45퍼센트나 **독립에 찬성**했대!

숨은 단어 찾기

즐거웠던 영국 여행도 이제는 끝~
아래 표에는 우리가 지금까지 영국을 여행하며 알게 된 단어가 숨겨져 있어.
모두 10개야. 함께 찾아보도록 할까?

❶ 영국이 낳은 **세계적인 밴드**야. 리버풀에서 탄생했지!

❷ 영국의 **대표적인 박물관**이야. 보관된 유물이 무려 800만 점이 넘어.

❸ 스코틀랜드의 **전통 의상**이야. 꼭 치마처럼 생겼어.

❹ **영국에서 가장 큰 도시이자 수도**는?

❺ 영국의 **명문 대학**이야. **도시 전체가 대학교**인 걸로도 유명해.

❻ 스코틀랜드 북부 지역. **산이 많고 높아서** 이런 이름이 붙었지.

❼ 영국의 국회의사당 옆에 있는 **시계탑**이야. 런던의 상징이기도 해!

❽ **거대한 돌로 만든 유적**이야. 왜 만들었는지 미스터리로 남아 있어.

❾ **런던의 현대 미술관**이야. 화력 발전소를 개조해서 만든 걸로 유명해.

❿ **런던의 상징인 다리**야. 커다란 배가 지나가면 가운데가 열리는 걸로 유명해.

# 안녕~ 영국!

여행은 즐거웠니?
여행하며 배운 내용을 다시 한번 확인해 볼까?

퀴즈로 정리하는 영국

영국 땅은 어떻게 생겼을까?

 지리

다음 문장을 읽고 옳은 것에는 O, 틀린 것에는 X에 동그라미 쳐 보자.

1. 영국은 바다로 둘러싸인 섬나라야. (O , X)

2. 영국은 1년 내내 맑은 날씨로 유명해. (O , X)

3. 영국의 수도는 에든버러로, 잉글랜드와 스코틀랜드라는 두 지역으로 이뤄진 나라야. (O , X)

영국은 어떤 역사를 가지고 있을까?

 역사

보기 에서 알맞은 단어를 찾아 빈칸에 써 보자!

보기   버킹엄, 빅 벤, 런던, 리버풀, 민주주의, 사회주의, 맨체스터, 옥스퍼드

4. 영국 국왕이 사는 궁전의 이름은 (   )이야.

5. 세계 최초로 지하철을 개통한 도시는 (   )이야.

6. 국민이 투표를 통해 나라를 다스리는 사람을 뽑는 (   ) 제도는 영국에서 탄생했어.

영국 사람들은 어떤 모습으로 살아갈까?

다음 문장을 읽고 알맞은 답을 골라 보자.

7. 런던은 세계 최초로 (　　　)이 탄생한 도시야.
   ① 연극　　② 뮤지컬　　③ 오페라

8. (　　　)는 축구가 유명해.
   영국은 세계 최초로 축구가 탄생한 나라지.
   ① 맨체스터　　② 하일랜드　　③ 에든버러

9. 〈햄릿〉, 〈로미오와 줄리엣〉을 쓴 영국을 대표하는 극작가는 (　　　)야.
   ① 해리 포터　　② 스티븐 호킹　　③ 셰익스피어

10. (　　　)는 스코틀랜드 사람들이 즐겨 먹는 전통 음식이야.
    ① 홍차　　② 하기스　　③ 피쉬 앤 칩스

영국은 어떤 산업이 발달했을까?

영국 경제에 대한 설명을 읽고, 알맞은 단어에 동그라미 쳐 보자.

11. 무수히 많은 기계가 발명되며 여러 산업이 크게 발전했던 (산업 혁명 / 기계 혁명)은 영국에서 제일 먼저 시작됐지.

12. 런던의 (빅 벤 / 시티 오브 런던)은 세계 금융의 중심지야.

정답

1일

2일

3일

4일

5일

6일
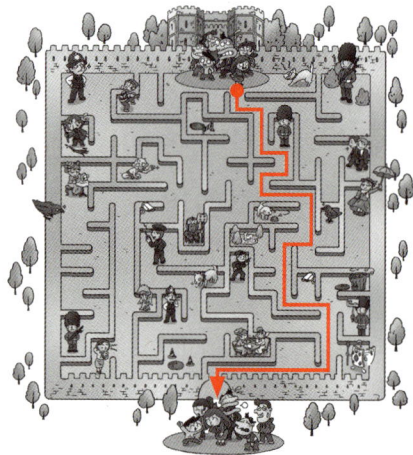

7일

8일

9일

10일

퀴즈로 정리하는 영국 <정답>

1 O	2 X	3 X	4 버킹엄
5 런던	6 민주주의	7 ②	8 ①
9 ③	10 ②	11 산업 혁명	12 시티 오브 런던

나도 곳곳에 숨어 있었는데, 찾았니? 몰랐다면 다시 한번 살펴봐~

〈사진 제공〉

[셔터스톡] BW Press, pxl.store, longtaildog, goga18128, photo.ua, S Kozakiewicz, Kiev.Victor, Philip Bird LRPS CPAGB, jgolby, TK Kurikawa, Christine Bird, photosounds, Emma Tovey, Drone Explorer, Chris Allan, Silvi Photo, COO7, sematadesign, Debu55y, Stefano_Valeri, Alessandro Storniolo, JASPERIMAGE, chrisdorney, Complexli

[Wikipedia] UK government, UK MoD Crown, Oast House Archive, Benh LIEU SONG, TxllxT TxllxT, InSapphoWeTrust, Tony Hisgett, Osama Shukir Muhammed Amin FRCP(Glasg), DAVID ILIFF, Drow male, Magnus D, giggel, Aurelien Guichard, Colin, Matthias Meckel, Hzh

※ 퍼블릭 도메인은 따로 표기하지 않았습니다.

용선생이 간다 : 영국
세계 문화 여행 ③

1쇄 발행 2020년 9월 1일
6쇄 발행 2024년 12월 20일

글 사회평론 역사연구소
그림 김지희, 전성연
자문 및 감수 박덕영
캐릭터 이우일
어린이사업본부 이승필
편집 송용운, 김언진, 오영인, 김형겸, 윤선아
마케팅 윤영채, 정하연, 안은지, 박찬수
경영지원 나연희, 주광근, 오민정, 정민희, 김수아, 김승현
디자인 박효영
조판 디자인 톡톡

펴낸이 윤철호
펴낸곳 ㈜사회평론
전화 02-326-1182
팩스 02-326-1626
주소 03993 서울시 마포구 월드컵북로6길 56 사평빌딩
용선생 클래스 yongclass.com
출판등록 1993년 10월 6일 제10-876호

ⓒ사회평론, 2020
ISBN 979-11-6273-119-2 77900

* 이 책 내용의 일부나 전부를 다시 사용하려면 저작권자와 사회평론의 동의를 받아야 합니다.
* 잘못 만들어진 책은 구입하신 곳에서 바꾸어 드립니다.

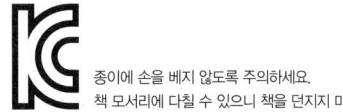

종이에 손을 베지 않도록 주의하세요.
책 모서리에 다칠 수 있으니 책을 던지지 마세요.